DIE NEUN GEBOTE

Michael Reh

DIE NEUN GEBOTE

WIE MAN MISSBRAUCH ÜBERLEBT

Ein Leitfaden für Überlebende von sexuellem Missbrauch, deren Familien und Freunde

CHARLES VERLAG

Reh, Michael: Die neun Gebote – Wie man sexuellen Missbrauch überlebt.
Hamburg, Charles Verlag 2023
1. Auflage 2023
ISBN: 978-3-948486-96-9
Dieses Buch ist auch als eBook erhältlich und kann über den Handel oder den Verlag bezogen werden.
ePub-eBook: 978-3-948486-98-3

Umschlaggestaltung: Annelie Lamers, Hamburg
Umschlagmotiv: Tony Sargent, NYC
Bibliografische Information der Deutschen Nationalbibliothek:
Die Deutsche Nationalbibliothek verzeichnet diese Publikation in der Deutschen Nationalbibliografie; detaillierte bibliografische Daten sind im Internet über https://dnb.d-nb.de abrufbar.
Der Charles Verlag ist ein Imprint der Bedey Media GmbH,
Hermannstal 119 k, 22119 Hamburg: https://www.bedey-thoms.de

https://www.charles-verlag.de
Gedruckt in Deutschland

DU KANNST NICHT ÄNDERN WAS PASSIERT IST, ABER DU KANNST ÄNDERN, WIE DU DAMIT UMGEHST!

Der Weg vom Opfer zum Überlebenden: Die wahre Katharsis.

FÜR JOHANNES,
DER MUTIG SEINEN WEG GEHT!

VORWORT

Julia von Weiler (Innocence in Danger)

„Was hat das Thema sexualisierte Gewalt an Kindern mit Ihrer Kindheit zu tun, Frau von Weiler", fragte mich vor einiger Zeit eine junge Journalistin. Eine Frage, die mir tatsächlich bis dahin noch nie jemand so direkt gestellt hatte. Reflexartig wollte ich berichten, was ich bis dahin immer berichtet hatte. Das Thema ist 1991 mir in meinem Psychologiestudium in New York begegnet. Mein Praktikum beim „Children's Safety Project" hat mich sehr geprägt, denn dort unterstützte das Team Kinder und Jugendliche, die von sexualisierter Gewalt betroffen waren.

Und das stimmt. Diese Zeit war sehr prägend. Aus 3 Monaten Praktikum wurde ein Jahr und es entstand eine tiefe Freundschaft zu Flora Colao, der Gründerin des Children's Safety Project.

Ich überlegte kurz, setzte an und heraus kam das: Ich hatte eine „normalbekloppte" Kindheit in einem ziemlich kleinen Dorf in Niedersachsen.

Zu dieser Kindheit gehörte, dass meine Nachbarsfreundin – ein Jahr älter als ich – regelmäßig von ihrer Mutter so sehr geschlagen wurde, dass Gegenstände an ihrem Körper zerbarsten. Habe ich das zu Hause erzählt? Selbstverständlich. Aber niemand hat sich eingemischt. Und irgendwann war es der Mutter sogar egal, ob ich diese Ausbrüche als Kind miterlebte. Meine Freundin und ich haben das ausgeblendet, nie darüber gesprochen, sind zum Alltag übergegangen. Und haben gespielt.

Unsere Wege haben sich im Teenager-Alter getrennt. Gerne hätte ich später als Erwachsene mit ihr darüber noch einmal gesprochen. Aber sie starb sehr früh an Krebs. Das war keine sexualisierte Gewalt, aber massive Gewalt, ganz offen ausgelebt. Niemand half diesem Mädchen.

Zu meiner Kindheit gehörte auch die Geschichte des Grundschullehrers meines ältesten Bruders, der nachmittags Musikunterricht anbot. Bis eines Tages ein paar Väter an unserer Haustür klingelten und meinen Vater sprechen wollten, der damals Elternratsvorsitzender war. Einige Jungen hatten zu Hause von sexualisierter Gewalt berichtet. Der Grundschullehrer wurde angezeigt und wegen Missbrauchs verurteilt. Mein Bruder war nicht betroffen, der Großteil seiner Klassenkameraden schon. Das war Anfang der 1970er Jahre.

Dazu gehört, dass alle im Dorf munkelten, der Vater von Marie (Name geändert) ist zu Hause ganz komisch mit ihr. Es heiße sogar, er würde manchmal nachts bei ihr im Zimmer schlafen. Na ja, er trinke ja auch wirklich viel. Also wer weiß … Geschehen ist in diesem Fall, glaube ich, auch nichts. Ich erinnere noch, wie unsicher ich als Kind war, wenn ich Marie begegnete. Sollte ich fragen? Habe ich nicht. Ich wusste nicht wie.

Von den Schützen- oder anderen Dorffesten will ich gar nicht erst anfangen. Wenn nach (viel) zu viel Alkohol die Sprüche und Grabschereien ganz öffentlich stattfanden. Wehe, das machte ich später zum Thema. Egal mit wem, stand ich sofort in der Ecke als prüde Asketin, die nicht versteht, was Spaß ist.

Während meiner Zeit auf dem Gymnasium gab es einen Sportlehrer, vor dem sich alle Mädchen warnten. Beim Turnen „verrutschte" seine Hand bei der Hilfestellung immer wieder. Trotz Beschwerden beim Direktor passierte nichts. Ein anderer Lehrer wurde allerdings versetzt, weil er sich auf der Klassenfahrt einer 9. Klasse einer Schülerin genähert hatte. Die Gerüchte flogen. Darunter natürlich auch das Gerücht, das Mädchen hätte ja ganz besonders mit ihm geflirtet. Sie würde eh denken, sie sei was Besseres. Und der arme Kerl. Besprochen wurde es an der Schule nie. Versetzt wurde er an eine Orientierungsstufe, die es damals in Niedersachsen noch gab. Ich nehme an, man ging davon aus, dass er sich 5.- und 6.-Klässlerinnen so nicht nähern würde.

Also, ich hatte eine normal-bekloppte Kindheit in Niedersachsen und das Thema hatte sehr viel mit mir zu tun. Mit Zeit und Muße fielen mir sicher noch viele kleine und große Momente ein, in denen ich mit sexualisierter Gewalt an Kindern und Jugendlichen und sexualisierter Gewalt unter Jugendlichen in Berührung kam.

Beeindruckend, dass der Grundschullehrer verurteilt wurde. Immerhin. Vor einigen Jahren fragte mich jemand aus dem Ort, ob mich dieser Lehrer auch missbraucht habe und ich deswegen so kämpfe? Nein, hat er nicht. Er war schon nicht mehr an der Schule, als ich eingeschult wurde. Und ich war ja auch ein Mädchen.

Sexualisierte Gewalt an Kindern geht uns alle an. Sie betrifft uns alle. Wir alle kennen betroffene Kinder (oder heute erwachsene Betroffene) – auch wenn wir nicht wissen, dass sie es sind. Das bedeutet weiter, wir alle kennen Täter und Täterinnen – und das wollen wir nicht wissen. Das ist zu viel, das ist schwer, das ist kompliziert. Also mach ich lieber nichts. Vielleicht stimmt es ja auch gar nicht. Oder jemand anderes macht etwas.

Wir müssen lernen, uns zu stellen. Zu sprechen, voneinander zu lernen, mutig zu sein und zu handeln.

Seit den 1970er Jahren hat sich viel bewegt. Auch seit ich 1991 mit meiner Arbeit für betroffene Kinder, Jugendliche und Erwachsene begann, hat sich viel getan.

Es sind vor allem immer wieder die Betroffenen, die mutig voran gehen. Einer dieser Menschen ist Michael Reh. Er legt seinen Finger in eine besondere Wunde unserer Gesellschaft, denn der Umgang mit Täterinnen ist immer noch ein großes Tabu. Verrückterweise sogar besonders in der Szene der psychosozialen Versorgung. Spreche ich das Thema Täterinnen an, lautet der Widerstand sofort: „Männer sind aber das viel größere Problem."

In seinen neun Geboten schildert Michael couragiert, wie perfide seine Täterin vorging. Er beschreibt den Schmerz von allen alleingelassen zu sein und seinen Weg aus der traumatischen Belastung. Er erzählt seinen Weg zur Heilung und zum Überleben. Dazu gehören auch leidvolle Umwege und immer wieder die Erkenntnis, Verleugnung und Betäubung wirken höchstens kurzfristig. Denn, um den Autor zu zitieren: „Gefühle sind wie Kinder, die etwas wollen, sie zupfen so lange an deinem Ärmel bis sie eine Antwort bekommen. Du darfst sie nicht ignorieren!"

Sein Leitfaden gibt wertvolle Tipps, wie Betroffene sich ihren Gefühlen stellen können, um sich zu befreien. Er beschreibt, wie er es schaffte sich zu erlauben

- Angst zu haben,
- zu erkennen,
- seinen Erinnerungen zu glauben,
- seine Familie zu konfrontieren,
- bei sich zu bleiben,
- sich selbst zu bestimmen,
- ja, sich selbst zu vertrauen,
- zu überleben und
- neue Wege zu gehen.

DU DARFST – so beginnt jedes seiner Gebote. Du darfst vor allen Dingen gut zu Dir sein, so übersetze ich das Buch für mich. Du darfst Dich ehren, achten und verändern.
Eine Einladung in sich zu spüren, die Perspektive zu ändern und aktiv den eigenen Weg ins Überleben zu finden.
Dieser Leitfaden ist auch wertvolle Lektüre für Angehörige Betroffener.

INHALT

EINLEITUNG 15

EINFÜHRUNG 19

DIE NEUN GEBOTE 35

1. DU DARFST ANGST HABEN 35

Die Angst ist ein erster Begleiter, ein erstes Gefühl, das mit Missbrauch verbunden ist.
In diesem Buch musst du nichts, du sollst nichts. Du darfst!
Es geht um die Lenkung deiner Gefühle zum Positiven, hin zu den Möglichkeiten, die in dir stecken.
Hin zur Erkenntnis, Verarbeitung und Lösung.

2. DU DARFST ERKENNEN 41

Die Zeit vor dem Missbrauch, während des Missbrauchs (egal, wie lange er andauerte) und welche Folgen dieses Verbrechen mit sich bringt, erklärt an meiner eigenen Geschichte als Kind, bestimmt durch soziale, politische und moralische Umstände.
Wer hat dich missbraucht, war es ein Familienmitglied oder ein*e Außenstehende*r?
Zu welcher Zeit fand der Missbrauch statt? Es geht um Historische Einordnung als ein wichtiger Punkt; wie weit war die Gesellschaft, wo stand sie politisch, moralisch und religiös?
Die Basis deines Falles wird geklärt. Die Erkenntnis, dass du deinen Gefühlen und Erinnerungen traust, denn es gibt in den meisten Fällen keine Beweise. Bilder leben in uns und sind oft so lebensbedrohlich, dass wir sie verdrängen.

3. DU DARFST DEINEN BILDERN UND GEFÜHLEN GLAUBEN 54

Gefühle und Bilder, die im Prozess des Erwachens, des sich Erinnerns wiederkommen (falls eine Verdrängung des Traumas stattgefunden hat) und wie man mit ihnen umgeht.
Ein Kapitel, das sich besonders an die Überlebenden richtet, aber sehr informativ für Sekundärbetroffene ist, die es mit erwachsenen Überlebenden zu tun haben.

4. DU DARFST KONFRONTIEREN 69

Der vierte Schritt, nach Merken, seinen Bildern und Gefühlen zu vertrauen, ist die Akzeptanz und die damit verbundene „Ver-Äußerung" der eigenen Geschichte.
Dieser Prozess ist durch Angst und Verbote, über das Geschehene zu sprechen, verbunden.
SCHAM, SCHANDE und ISOLATION, die drei Grundpfeiler, die das Schweigen über den Missbrauch ermöglichen, werden analysiert.
Es geht um Wut! Es geht um Familie, Geschwister, Freund*innen und deren mögliche Reaktionen und eigene Befindlichkeiten.
Ein wichtiges Kapitel für Menschen, die mit Überlebenden zusammenleben.

5. DU DARFST BEI DIR BLEIBEN, OHNE DICH SELBST ZU MISSBRAUCHEN 84

Der lange Prozess der Selbstakzeptanz. Das Erkennen der eigenen Muster und Verhaltensweisen, die von der Vergangenheit bestimmt werden, darunter negative Strukturen, selbstzerstörerisches Verhalten, das seine Wurzeln im Missbrauch hat.
Drogenkonsum!
Und die Frage: Wie gehe ich als Erwachsene*r mit meiner Sexualität um?

6. DU DARFST DICH (SELBST) BESTIMMEN 99

Wie geht man mit dem inneren Saboteur um in einer Gesellschaft, die die Schuld an das Opfer/die Überlebenden weist, aus Scham vor dem eigenen Versagen? Stichwort: Schuldzuweisung!
Wie verhält sich die Gesetzeslage und die katholische Kirche?
Es geht um Ehrlichkeit mit dir selbst, gerade als Erwachsene*r.
Darum, innere und äußere Grenzen zu erkennen: Wo fange ich an und wo höre ich auf?
Wie äußert sich das im Job? Lebst du dein volles Potenzial? Und wenn nicht, warum ist das so?

7. DU DARFST VERTRAUEN, AUCH DIR SELBST 113

Partnerschaft, Beziehungsfähigkeit und das Finden deiner eigenen, selbstbestimmten Werte.
Du darfst dir selbst vertrauen!
Die digitale Welt erschwert Nähe und reduziert uns oft in den Foren und Chats auf Muster, das Aussehen und sexuelle Vorlieben. Egal ob in der heterosexuellen oder schwulen Welt. Warum wir uns von der analogen Welt distanzieren.
Wie insbesondere Männer mit Missbrauchserfahrungen umgehen.

8. DU DARFST ÜBERLEBEN 123

Was passiert, nachdem du kognitiv deine Geschichte erfasst und verstanden hast? Verbindung von Gefühl, Verstand und Sinnlichkeit.
Was ist mit kontraproduktiven Verhaltensweisen, die sich in diesem fortschreitenden Prozess der Heilung und des Selbstverständnisses einschleichen, den Selbstzweifeln?
Wir brauchen unseren eigenen „Glaskasten“ und Rückzugsorte.
Aber wen schützen wir als Überlebende und Sekundärbetroffene in „negativen Glaskästen“? Und warum?

9. DU DARFST NEUE WEGE GEHEN 133

Die Vergangenheit und die Wut sehen und gehen lassen.
Neues ausprobieren, auch im Beruf, ohne sich selbst einzuschränken.
Wie man mit PTBS (Posttraumatischen Belastungsstörungen) umgehen kann.
Verbindung mit anderen Überlebenden. Seine eigene Stimme einsetzen.

EPILOG 141

DANKE 144

WICHTIGE LINKS 145

LITERATUR 147

EINLEITUNG

Dieses Buch, dieser Leitfaden, wie man sexuellen Missbrauch überlebt und damit umgeht, ist kein 9-Schritte-Programm, das du liest und sofort umsetzten kannst, kein Fast-Food-Ratgeber, kein Insta-Buch.

Psychische Prozesse laufen langsam und brauchen Zeit, um sich zu verändern. Sie lassen sich nicht durch Pillen, lesen auf der Überholspur oder andere vermeintliche Zauberstäbe beschleunigen.

Wir leben in einer Zeit, in der alles schnell gehen muss.

Zackzack. Hier ist die Lösung deines Problems, jetzt mach mal. Aber für diese Traumaverarbeitung gibt es kein Schnellprogramm.

Ach, du stolperst, das geht nicht so schnell, es gibt Widerstände? In dir? In deiner Umgebung? In deiner Familie? Du funktionierst nicht so, wie die Gesellschaft es von dir erwartet? Du funktionierst vielleicht nicht mal so, wie du es von dir selbst erwartest?

Was sind das für Erwartungen und woher kommen sie?

Du wirst Zeit brauchen zu heilen, zu be- und verarbeiten. Zeit, zu dir zu finden.

Überleben kostet Kraft.

Es kann sein, dass du Widerstände in dir spürst, wenn du dieses Buch liest. Sie spiegeln deine innere Abwehr, deine Angst vor der Auseinandersetzung mit deiner Geschichte. Egal ob du selbst den sexuellen Missbrauch erlebt hast oder Sekundärbetroffene*r bist. Worum geht es in deinem spezifischen Fall und wovor hast du (immer noch) Angst?

Du hast es mit einem gewaltigen Tabuthema zu tun.

Sexueller Missbrauch!

Ein überwältigendes Thema, für alle (Sekundär-)Betroffenen, die sich damit beschäftigen, um ihre eigenen Erfahrungen zu verarbeiten. Ich erzähle in diesem Leitfaden meine persönliche Geschichte, meinen Weg vom Opfer zum Überlebenden, damit du siehst, dass du nicht alleine dastehst. Damit wir die Schnittpunkte erkennen, die uns verbinden.

Uns, die wir Missbrauch überlebt haben, verbinden ganz bestimmte Dynamiken.

Herauszufinden, wie wir uns helfen können, darum geht es an erster Stelle. Unsere Stimme finden und auf lange Sicht unser Leben so leben zu können, ohne dass der Missbrauch alles überschattet. Darum geht es in diesem Buch.

Schon in meinem autobiografischen Roman „Katharsis“ habe ich über das Thema sexueller Missbrauch geschrieben und viel von meinem eigenen Beispiel einfließen lassen.

Aber „Katharsis" ist ein Roman und beinhaltet auch Versatzstücke und Momente, die ich nicht selbst erlebt habe, so wie Mord und Pornographie, die aber Teil des Ganzen sind, mit dem wir uns hier beschäftigen.

Dieser Leitfaden ist in erster Linie an die Überlebenden von sexuellem Missbrauch gerichtet. Aber auch an diejenigen, die Missbrauch nicht selbst erlebt, jedoch mit diesem Thema zu tun haben. Familie, Freunde und auch Menschen, die beruflich damit in Berührung kommen. Erzieher*innen, Ärzt*innen, Lehrer*innen, Psychiater*innen, Heiler*innen. In einigen Kapiteln wende ich mich direkt an euch, werde Dinge, die sich besonders an Sekundärbetroffene richten, hervorheben und erklären. Denn dieses Buch soll sensibilisieren.

Aber auch, wenn ich euch Sekundärbetroffene nicht immer direkt anspreche, so werdet ihr doch vieles erfahren. Wenn ihr meine Geschichte hört und die Dynamiken erkennt, werdet ihr Schlüsse und Anregungen, die man daraus ziehen kann, verstehen. Da viele Überlebende über ihren Missbrauch schweigen, könnt ihr durch die Lektüre Zeichen erkennen, unbewusste Hinweise und Signale, die ein*e Überlebende*r non-verbal sendet.

Dieses Buch ist kein Ratgeber, es ist als Leitfaden gedacht, auch für Traumaverarbeitung.

Denn ich kann dir keine heilende Pille geben, keine umfassende Wahrheit, kein Neun-Punkte-Programm, das absolut sicher ist. Jeder Fall von sexuellem Missbrauch, sexualisierter Gewalt ist individuell.

Es geht nicht nur um den sexuellen Akt, der von dem*der Täter*in begangen wird. Es geht um die sexualisierte Gewalt, den Übergriff, die Verletzung von Körper und Seele, die jede*r Überlebende erleidet. Um Macht und Kontrollverlust. Und die Folgen und Auswirkungen des Missbrauchs auf die Überlebenden, die Familie und die Gesellschaft.

Deine Verletzung kann nicht durch Medikamente oder eine Operation geheilt werden. Denn deine Verletzung liegt tief in deiner Seele, in deinem Unterbewusstsein und sie ist ein ständiger, oft unbewusster Begleiter in deinem Leben. Heilen kannst du dich letzten Endes nur selbst, wenn du dazu bereit bist, wenn die Zeit in deinem Leben reif ist. Du wirst es spüren! Anfangen kannst du damit jederzeit.

Jetzt zum Beispiel. In diesem Moment!

Dieses Buch ersetzt keine Therapie und nicht die Liebe und Fürsorge von Bezugspersonen und Freund*innen.

Und gerade die Akzeptanz und die Liebe von Eltern ist oft das Wichtigste für eine*n Überlebende*n, die oder der sexuell missbraucht wurde. Sei dir als Mutter oder Vater unbedingt bewusst, wie wichtig es für dein Kind ist, auch wenn es bereits erwachsen ist, dass du ihm*ihr glaubst und sie*ihn nicht alleine lässt.

Weil das Thema unbequem ist!

Weil du dich selbst hinterfragen musst!

Weil du vielleicht eine*n Partner*in hast, der*die ein*e Täter*in ist.

Weil du Angst vor den Konsequenzen hast.

Genau darum ist das Thema sexueller Missbrauch (sexualisierte Gewalt) immer noch ein Tabu. Weil zu viele Betroffene schweigen und viele Sekundärbetroffene lieber die Augen, die Ohren, den Verstand und das Herz verschließen. Das Thema weit weg von sich weisen.

Ich hoffe, dass dieses Buch dir das Gefühl und die Sicherheit gibt, dass du nicht alleine bist, dass du nicht isoliert mit deinem Problem dastehst.

Anfang der neunziger Jahre, als ich wirklich begann mich mit meinem Missbrauch auseinanderzusetzen, gab es kaum Literatur zu diesem Thema. Und wenn, war sie rein wissenschaftlich. Dann entdeckte ich 1992 ein anspruchsvolles Frauenmagazin in New York, „LEARS".

Auf dem weißen Cover war ein schwarzes Strichmännchen, darunter in krakeliger Kinderschrift das Wort ABUSE (Missbrauch). Eine zehn Seiten lange Reportage. Was daran so wichtig für mich war? Ich verstand: Ich war nicht allein, es gab andere, denen Ähnliches wie mir passiert war, angetan wurde: Sexualisierte Gewalt durch einen Erwachsenen.

Zehn Seiten, die mein Leben veränderten.

Sexueller Missbrauch kam damals kaum in der Presse vor. Und wenn, dann verschleiert. Das Thema war nicht präsent im gesellschaftlichen Bewusstsein. Im Grunde wird sexueller Missbrauch erst seit einigen Jahren öffentlich besprochen.

Wir sind die erste Generation, die die Chance hat, wirklich etwas zu verändern, indem wir uns nicht aus Angst und Scham abwenden.

Ich wünsche mir, dass dieses Buch Ähnliches in dir auslösen wird, wie es damals der zehnseitige Artikel in „LEARS" für mich tat.

Dieser Leitfaden wird dir als Überlebender*Überlebendem Ideen geben können, Einsicht und Verständnis für deine eigene, individuelle Situation.

Aber auch für dich, dessen*deren Kind missbraucht wurde, dein*e Enkel*in oder dein*e Freund*in. Für dich, der*die du interessiert an diesem Thema bist, ohne dass du selbst die furchtbare Erfahrung von sexuellem Missbrauch machen musstest.

Missbrauch ist ein großes, übergreifendes Thema, das für dich als Betroffene*n jeden Aspekt deines (privaten) Lebens berührt. Das gilt auch, weitaus mehr, als wir zunächst wahrnehmen wollen, für alle innergesellschaftlichen Dynamiken.

Vielleicht kann ich dir neue Informationen geben, Denkanstöße, die deine Sichtweise und dein Verhalten in eine andere Richtung lenken und dadurch eine Veränderung mit sich bringen! Wenn du dein Denken änderst und dich auf dieses Buch wirklich einlässt, dann kannst du auch deine Muster, dein Verhalten und dein Leben ändern.

Interessanter Gedanke? Allerdings!

Ich werde in den neu(e)n Geboten auf viele Umstände, Strukturen und dir (noch) unbewusste Prozesse aufmerksam machen, die du auch kennen wirst. Und auf Fallen, in die wir immer wieder tappen können.

Wir gehen in deine Geschichte, sprechen von deinem und meinem Leben und sehr traumatischen Erlebnissen. Ein liebevoll gemeinter Rat von mir: Wenn es dir an einem Punkt beim Lesen zu viel wird, leg das Buch für einen Moment zur Seite.

Nimm dir Zeit.

Du wirst merken, wann du eine Pause brauchst.

Wenn du unruhig wirst, oder müde, dich nicht konzentrieren kannst, weglaufen möchtest. Oder lieber den Abwasch machst, als weiter zu lesen. Das ist völlig normal bei diesem Thema, selbst wenn du dich schon länger mit deiner Geschichte beschäftigst.

Dieses Buch kann viel in dir auslösen. Auch bei mir hat das Schreiben eine neue Katharsis angestoßen. Diese psychischen Prozesse brauchen Zeit. Nimm sie dir!

Setz dich niemals unter Druck. Dies ist dein Raum, dein Buch und du bestimmst das Tempo. Du bestimmst, wann du liest, wie du liest und was du daraus machst. Die Zeit wird dir helfen, Dinge zu begreifen.

Daraus kann Veränderung und Heilung entstehen.

EINFÜHRUNG

Missbrauch!

Sexueller Missbrauch.

Gewalt in der Familie, Übergriff, Vergewaltigung an Körper und Seele eines Kindes, Einsamkeit und Isolation. Absolute Macht über ungeschützte Kinder und junge Menschen! Und die daraus entstehenden langjährigen Folgen für die Betroffenen.

Harte Worte! Worte, bei denen die meisten lieber weghören.

Glauben, weghören zu müssen, da sie befürchten, das Gehörte nicht ertragen zu können.

„Ich kann es mir nicht vorstellen!"

„Das gibt's doch gar nicht."

„Du bist doch ein Einzelfall." (Wenn eine Frau dich missbraucht hat)

Ein Achselzucken, ein Blick zur Seite. Themenwechsel. Auch das habe ich, und wahrscheinlich auch du, oft genug gehört.

Was bedeutet es, wenn du als Sekundärbetroffene*r oder Nichtbetroffene*r sagst: Du kannst es dir nicht vorstellen?

Hast du nie Grimms Märchen gelesen? Hänsel und Gretel? Kinder, die eingesperrt, von den Eltern im Stich gelassen werden, die von einer bösen Frau verführt und gefressen werden? Was ist mit „Rotkäppchen"? Dem „Eisenhans". „Die sieben Schwäne". „Die Schneekönigin"!

Diese Geschichten sind voll von Metaphern für sexuellen Missbrauch. Kindesmissbrauch. Sexualisierte Gewalt!

Du kannst es dir nicht vorstellen? Liest du keine Zeitung? Hast du kein Internet? Schaust du kein Fernsehen, oder siehst und hörst du einfach weg, wenn es um die Missbrauchsfälle in der Kirche, in Sportvereinen, auf Campingplätzen, in Internaten, Schulen und Familien geht?

Einerseits trifft dich keine Schuld, denn es gibt immer noch zu wenig Aufklärung, was sexuellen Missbrauch betrifft.

Aber vielleicht hat es auch etwas damit zu tun, dass dieses Thema so fremd, so überwältigend, so bedrohlich für dich ist, dass du es dir nicht vorstellen willst. Weil die Akzeptanz dieses Themas natürlich auch eine Veränderung für dich und dein Leben bedeuten würde. Besonders wenn du ein*e Sekundärbetroffene*r bist.

Die Neun Gebote wollen dir helfen, indem sie dich an das Thema heranführen und aufklären.

Missbrauch ist ein schwieriges, komplexes Thema, ein Tabuthema, auch noch heute im Jahre 2023. Und viele Menschen wissen einfach nicht, wie sie damit umgehen sollen, wenn es sie selbst oder ein Familienmitglied, eine*n Freund*in oder eine*n Schutzbefohlene*n betrifft.

Das Thema Missbrauch umgibt immer noch das Schweigen, die Scham und die Isolation.

Ich bleibe in diesem Buch gleich beim „du", denn ich schreibe über ein Thema, das so nah, so persönlich ist, dass es ein „du" braucht, eine Verbindung, ein sich aufeinander einlassen: du dich auf mich und dieses Buch, ich mich auf dich, indem ich es für dich schreibe. Obwohl wir uns nicht kennen. Egal, ob du ein*e Überlebende*r, oder ein*e Sekundärbetroffene*r bist. Ein*e Freund*in, ein*e Angehörige*r, eine Mutter, ein Vater, eine Schwester, ein Bruder. Oder jemand, der*die sich seiner*ihrer (beruflichen) Verantwortung nicht entziehen will, sondern verstehen, begreifen möchte.

Es gibt viele Punkte, die leider nicht bekannt sind, wenn es um sexuellen Missbrauch, sexualisierte Gewalt geht.

Wie überwindest du als Betroffene*r deine Angst, deine Gefühle, deine Einsamkeit, deine scheinbare Unfähigkeit, dich dazu zu äußern und es (vermeintlich) nicht zu können? In einer Gesellschaft, in einer Familie, die nicht darüber sprechen will, die das Thema ausklammert, weil es zu bedrohlich ist.

Ich bin kein Fachmann, kein Doktor der Psychologie, kein Sozialarbeiter, kein Therapeut, kein Professor, der Daten analysiert und daraus Erkenntnisse gewinnt. Man hat mir in den letzten Jahren oft einige dieser Fachmänner und Fachfrauen in Interviews, die ich zu meinem Buch „Katharsis" gegeben habe, zur Seite gestellt. Einige kompetent, einige eher nicht, einige wirklich gut und erfahren, andere leider unfähig.

Es gibt ganz wunderbare Fachmänner und -frauen. Gerade im sozialen Dienst und in der psychischen Betreuung, deren Arbeit oft von unschätzbarem Wert ist. Ich selbst hatte Glück mit meiner ersten Therapeutin Eva Wellisz in New York, die erkannte, dass ich mit und durch Bilder und Bildsprache lerne. Jahre später wechselte ich zu einem anderen Therapeuten, einem Mann mit akademischem Titel und veröffentlichen Büchern, der mir empfahl, ich solle Spinat und Ananas essen, wenn ich Suchtdruck habe! Ein sehr befremdlicher Rat, den ich nicht befolgte.

Ein anderer Therapeut war sauer darüber, dass ich, ohne ihn vorher zu fragen, meine Familie und die Täterin mit meiner Geschichte konfrontierte. Hier muss man sich fragen, warum und wie Expert*innen handeln und welche Motive manche dazu veranlassen, solche Ratschläge zu geben.

Alles nur Menschen, genau wie du und ich. Mit ihrer eigenen Geschichte und ihren eigenen Dramen. Und somit ist dieses Buch auch für diejenigen geschrieben, die professionell täglich mit diesem Thema zu tun haben.

Wenn du bereit bist für eine Therapie, schau dir dein Gegenüber genau an und entscheide selbst, ob der*die Therapeut*in der oder die Richtige für dich ist. Du hast das Recht, diese Entscheidung zu treffen.

Der erste wichtige Punkt:

Du hast das Recht, du darfst entscheiden, denn es geht um dich und deine Geschichte.

Du musst die Verantwortung für dich nicht abgeben.

Du bestimmst deinen Weg ab jetzt.

Warum werden Überlebende immer als Opfer dargestellt? Schwach, leidend, passiv?

Warum wurden mir, als meine Geschichte öffentlich bekannt war, immer offizielle Expert*innen zur Seite gestellt?

Reicht meine Aussage nicht? Warum muss sie durch externe Expert*innen „bewiesen" werden?

Das hat für mich als denjenigen, der den sexuellen Missbrauch erlebt, etwas mit Schuldzuweisung zu tun. Wodurch auch eine Zurückweisung meiner Wahrheit erfolgt. Du als Überlebende*r musst dich immer rechtfertigen und beweisen.

Überlebende*r.

Den Begriff setze ich in diesem Buch ganz bewusst ein, anstelle von Opfer.

Denn Sprache ist wichtig. Wie benutzen wir sie, wie setzten wir sie ein? Wie behandeln wir uns selbst durch Sprache?

Ich will kein Opfer sein, denn dieses Wort beinhaltet für mich so viel Bestimmung von außen, zugeschriebene Unfähigkeit, eine Wehrlosigkeit, mich aus dem Missbrauch zu befreien, aus der sexuellen Gewalt, die mir als Kind angetan wurde.

Wie sprichst du also mit dir selbst? Ist es wirklich deine eigene Stimme, oder wiederholst du unbewusst die Meinung anderer?

Ich war gezwungen, mein eigener Experte zu werden, oder, um es positiv zu formulieren: Ich habe mich entschieden, auf die Suche nach den Wurzeln meines Verhaltens zu gehen, das sich durch den Missbrauch veränderte.

Ein Verhalten, das oft nicht von mir selbst bestimmt wurde, so wie ich dachte, sondern überschattet war vom Missbrauch und den Zwängen und Strukturen, die sich daraus folgend ergaben.

Für mich persönlich gab es keine Hilfe als Kind. Das war Ende der sechziger Jahre bis Mitte der siebziger Jahre.

Seitdem hat sich vieles geändert und es gibt Hilfsangebote. Aber da musst du erstmal hinkommen, den Mut aufbringen, Grenzen überwinden, dich vom Ballast der Scham, Schande und Isolation befreien.

Auch das kenne ich sehr gut aus eigener Erfahrung. Ich habe im Laufe meines Lebens viele (negative) Kommentare zu meiner Person gehört.

„Du endest als Stricher am Hauptbahnhof, aus dir wird sowieso nichts", meinte mein Vater. „Nehmen Sie den Jungen vom Gymnasium, der packt das nicht!" meine Mathematiklehrerin. „Erst dachte er, er könnte studieren, dann schauspielern, dann Make-up machen, oder Fotograf werden. Und dann kommt er mit Mitte fünfzig auch noch daher und veröffentlicht ein Buch über Missbrauch, einen Roman. Spinnert, wildgewordener Fotograf. Der kann nur Mädchen vor Palmen fotografieren. Der Roman ist langatmig und voller Allgemeinplätze. Du weißt schon, dass das keine große Literatur ist!"

Autsch! Da wollen dich Menschen, die Medien, sogar Freunde kleinmachen, auf etwas reduzieren, ohne auf deine Möglichkeiten zu schauen.

Warum sagt jemand etwas Negatives über dich, macht dich klein, warnt dich „wohlmeinend", aber limitiert dich in Wirklichkeit nur durch solche Äußerungen? Auch da werden wir in diesem Buch gemeinsam detailliert hinschauen.

Viel wichtiger ist hier die Gegenfrage: Warum hörst du darauf, lässt dich limitieren, klein machen?

Warum kannst du dich (noch) nicht wehren und aufschreien: „Hört auf, mich in eine Schublade zu stecken, nur weil ihr euch selbst dort befindet? Warum verbietet ihr mir den Mund, nur weil ihr selbst Angst vor dem Thema Missbrauch habt?"

Warum hörst du, so wie es auch so oft hörte: „Nun lass doch mal gut sein, irgendwann ist Schluss, es ist so lange her!"

Und warum hörst du darauf und bleibst in deinen bekannten Strukturen stecken?

Es gibt dafür eine einfache Erklärung: Weil du diese Strukturen erst einmal erkennen musst.

Deine eigenen und die der anderen. Und das dauert. Und genau darüber werden wir in den Neun Geboten sprechen.

Es ist ein immerwährender Prozess des Lernens und des sich selbst

Kennenlernens. Sich in eine Richtung zu verändern, die gut für dich ist, weil sie selbst bestimmt wird. Von dir!

In der du nicht in die Fallen der alten Muster stolpern musst. Und wenn das doch mal passiert, wirst du sie rechtzeitig erkennen.

Also nimm den Druck von dir, besonders wenn du gerade damit beginnst, dich deinem Missbrauch zu stellen, deinem Trauma. Und das kann erst mit dreißig passieren, oder mit vierzig. Oder noch später.

Hauptsache es passiert.

Ein wichtiger Punkt sei hier direkt festgehalten.

Du bist ein Mann oder eine Frau oder definierst dich jenseits der Binarität, du bist vielleicht noch jung, du bist vielleicht schon älter. Dein Missbrauch liegt lange zurück und du erinnerst dich jetzt erst daran oder du lebst schon lange mit diesen Erinnerungen und hast dich bisher nicht getraut, darüber zu sprechen. Vielleicht bist du ein vergewaltigter Mann, eine vergewaltigte Frau. Vielleicht war es eine Frau, die dich missbrauchte, vielleicht handelt es sich um einen männlichen Täter. Es kann sein, dass der*die Täter*in noch jung war, und du ein Kind.

Vielleicht dauerte das Ganze Jahre, vielleicht ist es nur einmal passiert.

Es gibt viele unterschiedliche Formen von sexuellem Missbrauch, sexualisierter Gewalt und Vergewaltigungen. Es gibt keine Vergleiche, es gibt keine Fälle, die schlimmer sind als andere.

MISSBRAUCH IST MISSBRAUCH und verletzt die Seele und den Körper.

Ich bin ein Mann, ich bin jetzt sechzig Jahre alt und beschäftige mich seit drei Jahrzehnten mit diesem Thema. Intensiv seit 2004 und ganz spezifisch und öffentlich seit über drei Jahren. Es gibt Punkte, Verhaltensmuster, Verhaltensweisen, die auf uns als Überlebende gemeinsam zutreffen. Und diese Schnittpunkte gilt es zu erkennen und näher zu betrachten.

Da liegt auch für die Sekundärbetroffenen, für Eltern, Familie und Freund*innen eine Möglichkeit, die Zeichen zu erkennen.

Wenn es schwierig wird, weiterzulesen, hol kurz Luft, nimm dir deine Zeit. Aber bleib dran.

Dass du dich entschlossen hast, diesen Leitfaden zu lesen, zeigt, dass du dir und/oder anderen Betroffenen helfen willst.

Ein wichtiger und sehr mutiger Schritt.

Es ist nie gut!

Erst wenn du dich deiner Situation gestellt hast, sie analysiert, verstanden und begriffen hast, und zwar im Kopf und im Herzen. Dann beginnt die Veränderung und Heilung. Und dann kannst du lernen, mit diesem Thema zu leben. Gut zu leben!

Es gibt viele Wege zur Heilung. Der Weg zur Befreiung ist vielfältig. Meiner war, das Thema öffentlich zu machen, dein Weg mag ein anderer sein. Jede*r sollte die Wahl haben, wie er*sie mit seiner*ihrer Geschichte umgeht. Welche Hilfe sie wann, wo und wie suchen. Diese Wahl haben viele im Moment noch nicht, weil die Gesellschaft und auch die Gesetzgebung sie oft im Stich lässt. Wir wissen nicht, wie viele schweigen, weil sie sich dazu entschieden haben, und wie viele schweigen, weil sie keine andere Wahl haben.

Was dich als eine*n Überlebende*n von sexuellem Missbrauch oder einer Vergewaltigung betrifft, so kennst du die Ursache für deine Veränderung und die daraus entstandenen Probleme. Ich persönlich glaube, dass erst, wenn der*die Täter*in gestellt ist und du das an dir begangene Verbrechen nicht ignorierst, du dich wirklich befreien können wirst. Und nicht mehr in einer inneren Isolationshaft leben musst.

Missbrauch ist ein Lebensthema!

Der Missbrauch wird immer ein Teil deines Lebens bleiben, aber du kannst lernen, damit umzugehen und er wird dein Leben nicht bestimmen. Weil du nicht wegrennst. Du stellst dich deiner Situation. Du bist der*diejenige, der*die entscheidet, wie es weitergeht. Nicht der*die Täter*in, nicht die Gesellschaft, und auch nicht deine Familie.

Du entscheidest.

Such dir Hilfe, Verbündete. Dieses Buch ist dein Verbündeter, ich bin dein Verbündeter. Ich weiß, wie du dich fühlst. Wenn ich diesen Weg gegangen bin, dann schaffst du das auch. Geh in eine Gruppe, in eine Therapie, rede darüber, was du erlebt hast.

In meinem persönlichen Fall kam dann die nächste ungläubige Frage, das nächste Erstaunen, das nächste Kopfschütteln von vielen.

Frauen missbrauchen?

Jede*r fünfte Täter*in ist eine Frau!

„Das gibts doch gar nicht, wie soll das gehen?"

„So ein Quatsch, die haben doch gar keinen Penis, so etwas würden die nie tun!"

Doch, tun sie.

Als ich mit vierzig mein eigenes „Familiengericht“ zusammenrief, meinte der Ehemann der Täterin, mein Onkel Kurt, mit einem spöttischen Grinsen: „Das ist alles Quatsch. Du konntest doch gar keinen Sex mit ihr haben. Du warst doch ein Kind.“

DU! DU KONNTEST KEINEN SEX MIT IHR HABEN!

Richtig, hatte ich auch nicht. Sie hat sexuelle Handlungen an mir verübt. Sie hat mir sexualisierte Gewalt angetan!

Und darin liegt der Unterschied.

Es geht bei sexuellem Missbrauch nicht um einvernehmlichen Sex. Es gibt in solchen Fällen keine Intimität auf Augenhöhe.

Die sexuelle Handlung ist eine Waffe, die der*die Täter*in gebraucht.

Es geht um sexualisierte Gewalt bei sexuellem Missbrauch. Nicht um Sex.

Meine Tante beging übergreifenden, von mir ungewollten, kriminellen sexuellen Missbrauch als ich fünf Jahre alt war. Und das über einen Zeitraum von acht Jahren!

Und über fünfunddreißig Jahre findet dann eine Schuldumkehr statt.

Auf einmal bist du schuld an allem.

Du, der*die den Missbrauch erleiden musstest. Nicht der*die Täter*in.

Und wenn du gerichtlich gegen Täter*innen angehen willst, brauchst du Beweise und Zeug*innen und musst die Verjährungsfrist einhalten. Du musst dich rechtfertigen!

Beweise? Zeug*innen, so wie es die Rechtsprechung fordert? Das ist natürlich schwierig, wenn Missbrauch, so wie in meinem Fall, vor dem digitalen Zeitalter stattfand und keine*r etwas davon merkte. Angeblich. Wenn es keine Zeug*innen gibt. Wenn, wie damals in meinem Fall, die Verjährungsfrist längst abgelaufen war.

Ich wollte schon früh wissen, woher der Missbrauch in meiner Familie kommt. Bin ich eine Ausnahmeerscheinung? Leider nicht. Ich bin nicht der Einzige, es gibt allein sechs Männer in meiner Familie aus der väterlichen Linie, die missbraucht wurden. Fälle, die es rein rechtlich, genau wie meinen und den vieler anderer, gar nicht gibt.

Kein Wunder, dass niemand etwas davon hören wollte. Indem ich über meinen Missbrauch sprach, wurde ich zum Störenfried des vermeintlichen Friedens in der Familie und später des Dorfes Bövinghausen bei Dortmund, aus dem ich komme.

Ich saß Ende Februar 2020 bei Bettina Böttinger in der Talkshow „Kölner Treff“, um meinen Roman „Katharsis“ vorzustellen. An diesem Abend wurde ich eine öffentliche Person in Deutschland, verbunden mit dem Thema des sexuellen Missbrauchs.

In den darauffolgenden Wochen bekam ich über dreitausend E-Mails, Messages und persönliche Kommentare auf Social Media, meist von Überlebenden. Viele Frauen.

(Aus meinem Heimatdorf meldete sich nur eine Person, der Rest schwieg, wie gewohnt, weiter. Wie ich später erfuhr, hielten die meisten zur Täterin und glaubten „ich sauge mir die Geschichte aus den Fingern." Glauben diese Menschen allen Ernstes, dass ich mich freiwillig mit diesem emotional schwierigen und belastenden Thema auseinandersetze?)

Aber wenn sich allein schon so viele Menschen persönlich bei mir melden, wie hoch liegt dann die wahre Zahl von Betroffenen, denen ich ja eine Stimme geben will mit meiner Geschichte? Laut Weltgesundheitsorganisation (WHO) sprechen wir von einer Million Fällen von sexuellem Missbrauch im Jahre 2019. Allein in Deutschland.

Seit dieser Sendung bestimmt das Thema Missbrauch mein Leben intensiver als zuvor.

Wie viel ist wahr von dem, was ich in „Katharsis" beschreibe? Emotional alles zu einhundert Prozent.

Dieser Leitfaden ist wieder etwas ganz anderes:

„Die neun Gebote" ist ein persönliches Buch, ein Gespräch, ein Dialog, in dem ich meine reale Geschichte erzähle und aus der du als Leser*in Erkenntnisse gewinnen kannst, die wichtig für dich sind und dir bei deiner Heilung helfen können.

Wohin führt Missbrauch von Kindern, aber auch von Erwachsenen in der Gesellschaft? Es ist erstaunlich, wie sehr die „Normalisierung" von Missbrauch akzeptiert ist.

Gesetzesänderungen finden zu langsam statt.

Wie kann es ein, dass Missbrauch in Deutschland erst vor zwei Jahren strafgesetzlich zu einem Verbrechen bestimmt wurde?

Davor war es ein Vergehen, ein „Kavaliersdelikt", und wurde zu oft auf Bewährung ausgesetzt.

Wie kann es sein, dass die katholische Kirche bis heute nur dann öffentlich Stellung bezieht, wenn sie dazu von den Medien oder Überlebenden gezwungen wird? Wenn Priester, die eindeutig Täter sind, einfach versetzt werden, wenn es denn sein muss nach Afrika oder Südamerika.

Da kriegt es dann kaum einer mit und die Betroffenen werden allein gelassen.

Warum findet in der katholischen Kirche so viel Missbrauch statt?

Könnte es etwas damit zu tun haben, dass es sich um ein repressives System von und unter Männern handelt, in der es um Macht und Geld geht und in der (Homo-)Sexualität nicht vorkommen darf?

Eine Dynamik, genau wie die des sexuellen Missbrauchs, bestimmt von Schweigen, Scham und Unterdrückung.

Diese Tatsache wird viel zu wenig thematisiert, genauso wenig wie der Fakt, dass Frauen missbrauchen. Wie kann es sein, dass die katholische Kirche bis heute drei Milliarden Dollar an die Überlebenden von Missbrauch, begangen durch Priester und Nonnen, bezahlt hat?

Ja, auch Nonnen missbrauchen Kinder.

Ich möchte an dieser Stelle betonen, dass ich nicht gegen den katholischen Glauben bin oder gegen Religion und Glauben an sich. Aber im Namen Gottes wird in einer institutionalisierten Kirche und in der Politik zu viel sanktioniert, was nicht richtig ist.

Was hätte man mit den drei Milliarden Dollar machen können, um Missbrauch zu verhindern? Präventiv arbeiten! Aufklären!

Auch die Politik bewegt sich zu langsam! Und alle Sozialarbeit und psychische Betreuung nützt nichts, wenn die Mitarbeiter nicht auf dem neuesten Stand sind oder wenn die finanziellen Mittel fehlen.

Was entsteht also? Ein Geflecht aus Tabus, Schweigen, Scham, Schande und Isolation. Und Unwissenheit. Denn sexueller Missbrauch findet hinter verschlossenen Türen statt. Heimlich, ohne Zeug*innen.

„Du denkst dir das aus, du spinnst, du machst Theater", sagte mir mein Vater, als ich ihm von meinen Erlebnissen berichtete. Und da war ich bereits ein erwachsener Mann. Und er war selbst ein Überlebender von sexuellem Missbrauch. Er wurde unter anderem von der gleichen Frau, seiner sehr viel älteren Schwägerin, missbraucht, wie ich. So viel zu Verdrängung und der Tatsache, dass er seinen Sohn „opferte", weil er Angst vor der eigenen Geschichte und Konfrontation hatte. Meinem Vater fehlte das Werkzeug, das Wissen und der Mut, sich mit seinem eigenen Missbrauch auseinanderzusetzen.

Es wird also Zeit, das Schweigen zu beenden! Und da kommen natürlich die Medien und Social Media ins Spiel.

Warum wird in Dokumentationen über Whitney Houston und Michael Jackson, um nur zwei globale Superstars zu nennen, erst in den letzten Jahren und seit ihrem Tod über ihren Missbrauch berichtet? Der im Fall Houston offensichtlich etwas mit ihrem Drogenkonsum zu tun hatte und der eigenen Selbstzerstörung. Sie wurde von einer älteren Verwandten sexuell missbraucht und hat dieses Thema nie wirklich adressiert. Im

Falle Michael Jacksons wurde aus dem Überlebenden ein Täter. Michael Jackson erlebte zumindest Gewalt durch seinen Vater und war als Kind extrem fremdbestimmt. Was seine Rolle als Täter betrifft, dazu gibt es eine hervorragende Dokumentation: „Leaving Neverland", mit einer anschließenden Diskussion, die von Oprah Winfrey geführt wird.

Wie behandeln die Medien, insbesondere der Film das Thema? Gibt es wirklich gute Filme zum sexuellen Missbrauch und warum werden diese, wenn sie gedreht werden, dann oft anders vermarktet? Denn das Thema sexueller Missbrauch ist nicht unbedingt zentrales Thema der Werbung. So wie zum Beispiel bei „Georgia Rules" mit Jane Fonda oder „Dolores Claiborne" mit Kathy Bates. In beiden Filmen wird der Missbrauch eines jungen Mädchens durch den Vater oder Freund der Mutter thematisiert. In „Dolores Claiborne" (deutscher Titel: „Dolores") wird das Trauma der Tochter sehr gut dargestellt, die sich jahrzehntelang nicht an den Missbrauch durch ihren Vater erinnern kann. Die Filme wurden als Komödie („Georgia Rules") oder Thriller („Dolores") vermarktet.

Andere ausgezeichnete Filme wie „Das Fest" von Thomas Winterberg liegen weit vorn und behandeln das Thema Missbrauch ehrlich und explizit. Der Film beschreibt ein Familienfest und die Konfrontation der erwachsenen Kinder mit dem Vater, der ein Täter ist. Der Regisseur drehte ebenfalls den Film „Die Jagd" im Jahre 2012, der das Thema Missbrauch anders beleuchtet. Ein Kind bezichtigt einen Freund der Familie, es missbraucht zu haben, was nicht stimmt. Wie kommt dieses Kind dazu, so eine Behauptung aufzustellen? Der Film thematisiert die komplexen Vorgänge in der kindlichen Seele und die sich überschneidenden bewussten und unbewussten Prozesse, die zur Anschuldigung führen.

„Spotlight" ist meiner Meinung nach einer der besten Filme über die Täter in der katholischen Kirche in Boston und wie die Kirchenleitung in Rom diese Taten (über 1200 Fälle) in den letzten Jahrzehnten vertuschte. Ich kann all diese Filme empfehlen, denn sie behandeln das Thema respektvoll und eindringlich, können durchaus hilfreich bei der eigenen Verarbeitung sein.

Es gibt wunderbare Dokumentationen auf Netflix über amerikanische Athletinnen, Jeffrey Epstein und R. Kelly. Fälle, in denen die Justiz hart gegen die Täter vorging.

Warum aber reden die Medien von 16.000 Fällen (das sind nur die Fälle, die vor Gericht kamen) in Deutschland im Jahre 2019, vor der Pandemie, wenn die Weltgesundheitsorganisation (WHO) von ca. einer Million Fälle ausgeht?

Weil es an wahren Informationen fehlt.

Was lesen wir über Missbrauch und die Überlebenden in der Presse? Viel zu wenig. Wenn es um Prominente geht, sind alle schnell bei der Sache. Aber was passiert mit den unbekannten Kindern und anderen Überlebenden? Was passiert mit ihnen nach dem Missbrauch?

Meistens läuft es so ab: Falls es zu einer Verhandlung kommt, wird die Strafe zu oft auf Bewährung ausgestellt. Das „Opfer" kommt öffentlich meist nicht zu Wort. Kaum jemand weiß, wie es in ihm oder ihr wirklich aussieht und vor allen Dingen, was der Missbrauch mit den Überlebenden nach der Verhandlung macht. Welche lebenslangen Konsequenzen er mit sich bringt.

Alles zu unangenehm, zu umständlich, zu negativ. Die „Opfer" sollen geschützt werden. Geschützt wovor, frage ich mich? Davor öffentlich zu sein? (Das ist natürlich bei Kindern wichtig). Geschützt vor Scham und Schande? Die tragen sie danach meistens lebenslang selbst in sich. Das Problem ist nicht der Schutz der „Opfer", sondern das Schweigen der Gesellschaft, die sich nicht mit den Folgen von sexuellem Missbrauch auseinandersetzen möchte.

Viele Bücher von erwachsenen Überlebenden, die das Thema Missbrauch behandeln, fallen leider zu oft unter den Tisch und werden nicht publiziert. Und wenn doch, dann werden sie nicht genug beworben. Die Allgemeinheit erfährt erst gar nichts von deren Existenz. Man muss danach suchen. (Woher ich das weiß? Die Bücher wurden mir von den Autoren zugeschickt.)

Bisher sind leider zu wenig Überlebende von sexuellem Missbrauch an die Öffentlichkeit gegangen und haben ihre Erfahrungen geteilt.

Weil ihnen oftmals zu viele Steine in den Weg gelegt werden.

Ob ich mich denn trauen würde, mit einem Kind auf Spielplätze zu gehen, fragte eine sehr ignorante Redakteurin der MOPO in Hamburg mich in einem Interview im September 2021.

Ich war vollkommen perplex für einen Moment! Hat sie mich das wirklich gerade gefragt und mit dieser Frage impliziert, ob ich Tendenzen habe, auch selbst Täter zu sein? Eine unglaublich ignorante und beleidigende Aussage, die mehr über die Fragestellerin sagt als über mich. Ich bin nicht aufgestanden und gegangen, sondern habe mich in diesem Moment entschieden, die Unwissende, so gut es ging, aufzuklären. Es fiel mir nicht leicht!

Als Überlebende*r wird man oft auf sich selbst zurückgeworfen.

Denn der Missbrauch wird angezweifelt und dann kommst du auch noch ständig damit an und willst gehört werden. (Wenn du nicht bereits die Nase voll hast, als Lügner*in bezeichnet zu werden und überall gegen die Mauern aus Schweigen anzurennen.)

Gerade weil sie ignoriert werden, viele Überlebende so isoliert sind, gibt es wenig Erklärungen, wenig Austausch. Man muss sie sich jahrelang und mühsam, oft unter psychischen und physischen Schmerzen erarbeiten!

Deswegen habe ich die Neun Gebote konzipiert.

Mein persönlicher Weg und meine neun Schritte zur Erkenntnis und Heilung, die dir Hilfe bieten sollen auf deinem Weg. Und die dir, der*dem Sekundärbetroffenen, die Möglichkeit geben, Dinge zu verstehen, die du nicht verstehen kannst, weil du sie nicht erlebt hast.

Ich veranschauliche an meinem persönlichen Beispiel, was Missbrauch bedeutet. Ich weise auf Verhaltensmuster hin und darauf, was unsere Geschichten miteinander verbindet. Daraus erschließen sich dann Lösungsmöglichkeiten.

Vielleicht gelten nicht alle Neun Gebote für dich. Nimm dir das, was du brauchst, was für dich und deinen ganz eigenen Weg, deine persönliche Geschichte zutrifft.

Auch muss in deinem individuellen Fall die Reihenfolge der Gebote nicht so zutreffen, wie von mir beschrieben. Vielleicht lief es bei dir anders ab. Du musstest dich nicht erinnern, und die Bilder waren bereits da (oder du hast keine Bilder), deine Themen liegen woanders. In einigen Kapiteln wirst du dich mehr wiedererkennen als in anderen.

Erkenntnisse kannst du aber sicherlich aus allen beschriebenen Punkten und Themen ziehen.

Das Wort „Gebote"

Auch dazu eine kurze Klärung. Welche Alternative gibt es zu diesem Wort? Ratschlag, Hinweis, liebevoll gemeinte, persönliche, wegleitende Schritte? Warum das Wort „Gebot", das ja eigentlich auch beinhaltet, dass du etwas tun musst, dass das, was dir gesagt wird, Gesetz ist.

Das ist es natürlich nicht.

Eigentlich müsste dieses Buch „Die neun Erlaubnisse" heißen, denn du musst oder sollst nicht, sondern du darfst. Es ist dir erlaubt dich zu wehren, dich zu ändern, dein Leben selbst in die Hand zu nehmen.

Du darfst es dir erlauben, ohne Einschränkung, ohne Druck.

Du brauchst keine Erlaubnis, denn du darfst sie dir selbst geben.

Die zehn Gebote in der Bibel sagen: „Du sollst nicht!" Ein Verbot, eine Einschränkung! Gott ist allmächtig!

Bei den zwölf Steps der AA (Anonyme Alkoholiker) geht es im zweiten Schritt darum, dass Gott (oder eine Macht, „die größer ist, als man selbst“), die „eigene Gesundheit wiederherstellen kann“.

Ich will nicht AA in Frage stellen und auch nicht die christliche Religion, denn diese Instanzen und deren Strukturen haben auch Positives bewirkt und vielen Menschen geholfen. Gerade AA ist sehr hilfreich, die Folgen von sexuellem Missbrauch bei sich selbst anzuerkennen. Dazu gehört selbstzerstörerisches Verhalten wie zum Beispiel Alkohol- und Drogenabhängigkeit.

AA bietet weiterhin eine Gemeinschaft, in der man Betroffene finden und sich austauschen kann.

Ich will diesen Leitfaden weder mit den zehn Geboten oder den zwölf Steps vergleichen.

Denn der Unterschied zu diesen Instanzen und deren Lösungsansätzen ist klar.

Dieser Leitfaden verfolgt einen anderen Ansatz:

1. Den der eigenen, selbstbestimmten Kraft durch Erkenntnis, den Weg durch den Schmerz und der Konfrontation.
2. Du bist aktiv. Du bist ein*e Übelerlebende*r.
3. Du darfst dich und dein Verhalten, dein Leben anschauen, analysieren, verstehen und selbst bestimmen. Du darfst und solltest dich wehren!
4. Du hast die Kraft, deinen Missbrauch zu erkennen und ihn dahin zurückzugeben, wo er hingehört:
   An den*die Täter*in.
5. Du kannst dich durch Erkenntnis befreien, das Schweigen brechen.
6. Du kannst dich heilen und brauchst dazu nicht die Erlaubnis einer höheren oder göttlichen Instanz. (Was nicht bedeuten soll, dass der Glaube an Gott oder eine andere höhere Macht dir nicht weiterhelfen kann).
7. Du kannst verändern und deiner Stimme Gewicht geben.
8. Du kannst für dich selbst entscheiden, was hilfreich für deine Heilung ist. Wichtig ist, dass man dir hier und jetzt zuhört, dass man dir glaubt.

Die Neun Gebote gehen davon aus, dass dir, dem*der Leser*in, Gewalt angetan wurde: Sexuelle, ungewollte, kriminelle, verletzende Gewalt, die ein lebenslanges Trauma und in den meisten Fällen Verdrängung auslösen. Und die Täter*innen, in den meisten Fällen, nicht zur Rechenschaft gezogen werden.

Und du als Sekundärbetroffene*r kannst genau dabei eine ganz entscheidende Hilfe leisten. Indem du ebenfalls das Schweigen brichst. Indem du zuhörst, glaubst und vertraust. Indem du enttabuisierst. Und das wird, auf lange Sicht, die Einstellung der Gesellschaft zu diesem Thema beeinflussen und verändern. Es besteht immenser Aufklärungsbedarf, da viele Menschen und Sekundärbetroffene nicht nachempfinden können, was Missbrauch bedeutet: Ein Mord, ein Übergriff, ein Verbrechen an Körper und Seele, meistens eines Kindes, das sich nicht wehren kann und in vielen Fällen abhängig von dem*der Täter*in ist.

Die Neun Gebote sind auch ein Aufruf an dich, den Überlebenden, das Schweigen zu brechen, nicht nur in der Familie.

Sondern, wenn du dazu bereit bist, auch öffentlich darüber zu reden.

Das Thema im Dialog mit anderen zu enttabuisieren, um den Tätern*innen weniger Raum zu geben.

Schweigen nützt niemanden, nur den Täter*innen!

Ein weiterer sehr wichtiger Punkt ist der Zeitpunkt, wann du dieses Buch liest.

In welchem Stadium der Selbsterkenntnis und des Aufklärungs- und Verarbeitungsprozesses befindest du dich?

Wie alt bist du jetzt?

Wie weit bist du noch in der eigenen Angst gefangen und glaubst, den Schmerz der Konfrontation und Erkenntnis nicht aushalten zu können?

Kannst du deine bewussten und unbewussten Muster erfassen und erkennen, was davon eigen oder fremdbestimmt ist?

Der meiste Missbrauch findet in der Familie statt.

Es ist nicht der fremde Onkel auf der Parkbank, es ist der Onkel und die Tante in der Familie, die Mutter, der Vater oder andere Familienangehörige.

Wie kann man sich aus diesem Konflikt befreien, wenn die „Götter“, die (angeblich) allwissenden und bestimmenden Menschen in unserer Kindheit, die Täter*innen sind? Und eben nicht die Beschützerfunktion erfüllen? Es ist wichtig die Strukturen, die Verhaltensmuster, die

Folgeerscheinungen von sexuellem Missbrauch zu analysieren. Gerade für Menschen in der Familie, die nicht am Missbrauch beteiligt waren, als auch für Freund*innen und Partner*innen, die mit diesem Problem konfrontiert werden und oft nicht wissen, wie sie damit umgehen sollen.

Ich weiß, dass alle Überlebenden dieses Traumas Schnittstellen in ihren Erfahrungen und auf dem Weg zur Heilung haben. Wir haben Ähnliches durchgemacht und sollten lernen uns zu fühlen, zu erfassen, untereinander und miteinander. Wir dürfen uns eine Stimme geben, eine deutliche, hörbare Stimme.

Wir haben nicht nur eine Verantwortung uns selbst, sondern auch anderen gegenüber, besonders wenn es um Prävention geht. Wir dürfen keinen Nährboden für weiteren Missbrauch schaffen.

Es ist Zeit, dass du frei wirst!

Manche Stichwörter und Verhaltensstrukturen werden sich in den Geboten überschneiden und wiederholen. Alles ist miteinander verbunden. Das betrifft auch die Sprache und das mehrmalige Verwenden von elementaren Begriffen.

Du siehst, wie komplex dieses Thema ist. Einiges davon wirst du bereits wissen, anderes ist neu für dich.

Nimm dir Zeit für dieses Buch und verarbeite das Gelesene in Ruhe.

Setz dich nicht unter Druck. Das haben andere lange genug gemacht und das war nicht gut für dich.

Sei offen für neue Anregungen.

Hab' keine Angst vor deinen Gefühlen.

Gefühle sind wie Kinder, die etwas wollen, sie zupfen so lange an deinem Ärmel, bis sie eine Antwort bekommen. Du darfst sie nicht ignorieren!

Deine Gefühle bringen dich nicht um.

Sie sind ein Teil von dir, den es zu respektieren gilt.

Sie wollen etwas bewirken und das kann in eine positive Richtung gehen. Mach Platz für sie, ändere negative Muster und Gefühle und schaffe somit Raum in dir für etwas Neues, das gut für dich ist.

DIE NEUN GEBOTE

1. DU DARFST ANGST HABEN

Über allem steht am Anfang die Angst. Die Angst, dich dem Unfassbaren zu stellen. Deinem Missbrauch.

Du warst ein Kind, vielleicht auch ein Teenager, als der Missbrauch stattfand. Mit dir wurde etwas gemacht, was für ein Kind, für einen jungen Menschen schwer verständlich ist, da er oder sie es noch nicht begreifen, analysieren, verarbeiten kann.

Dir wurde sexualisierte Gewalt angetan.

Wie solltest du es auch begreifen, denn es fehlten dir die Werkzeuge, damit umzugehen. Vielleicht warst du in der seltenen Situation, in der Eltern, die Familie, die nächsten Menschen in deinem Umfeld aufmerksam waren und die Veränderung, die der sexuelle Missbrauch verursachte, beobachtet haben. Das ist leider selten der Fall.

Die meisten sind erstmal allein mit dem Problem, mit dieser übergreifenden Situation. In der etwas mit dir gegen deinen Willen gemacht wurde. Wo ein*e Erwachsene*r, der*die ja eigentlich eine Schutzfunktion erfüllen sollte, diese ausgenutzt und zu seinem*ihrem eigenen sexuellen Vergnügen benutzt hat. An wen konntest du dich wenden, wenn der*die Täter*in in der Familie, vielleicht, im schlimmsten Fall, dein eigener Vater oder deine eigene Mutter war?

Ich wurde oft gefragt: Warum hast du denn nichts gesagt? Eine für mich immer wieder unverständliche Frage.

Eine Schuldzuweisung, die beinhaltet, dass man, aufgrund des Schweigens, selbst schuld an der Nicht-Aufklärung der Geschichte ist.

Wie soll ein Kind etwas dazu sagen, was unbegreiflich, unfassbar ist? Wie sich (verbal) mitteilen, nach einem Übergriff, der den Körper und die Seele schändet und bei dem ein Teil in dir getötet wird? Wenn Sexualität noch nicht Teil deines Empfindens ist.

Soll ein Kind zu einer sozialen Einrichtung oder zur Polizei gehen? Wird ihm geglaubt? Wie soll ein Kind beweisen, dass es passiert ist?

Wie soll ein verstörtes, traumatisiertes Kind das tun?

Was erwartet die Gesellschaft da eigentlich, wenn sie fordernd und anklagend fragt: „Warum hast du nichts gesagt?"

Ein durch sexuellen Missbrauch traumatisiertes Kind gibt andere Zeichen, kann oft die Sprache noch nicht einsetzen. Wird depressiv, spricht nicht, zieht sich in sich zurück, kapselt sich ab, da es mit der Situation nicht umgehen kann und Rückzug oft der einzige Weg des Selbstschutzes ist.

Wenn es da keinen Erwachsenen gibt, der aufmerksam ist und zuhört, hat man als Kind kaum eine Chance.

Das hat sich in den letzten Jahren langsam verändert, denn die Gesellschaft ist, notgedrungen durch die massive Anzahl von Fällen, für das Thema sensibler geworden. Aber wir sind immer noch sehr weit von einer umfassenden Aufklärung entfernt. Sexueller Missbrauch ist nach wie vor eines der letzten großen Tabus.

Wenn du also ein Kind hast, das sich verändert und Angst zeigt zu sprechen, gib ihm Raum, Vertrauen und Sicherheit. Sei einfach da!

Und überlege dir, wo du Unterstützung bekommst, damit du dich sortieren kannst, sicherer fühlst und für dein Kind da sein kannst. Das Hilfetelefon Missbrauch unterstützt bundesweit, anonym und kostenlos unter 0800 22 55 530.

Das Trauma ist oft so groß, dass der Missbrauch verdrängt wird. Und dann, oft Jahre später, kommen die Erinnerungen zurück. Meistens wird dies durch ein neues Trauma ausgelöst, wie zum Beispiel den Tod eines Angehörigen.

Erinnerungen können aber auch durch Filme, einen bestimmten Geruch, ein Gespräch, Träume oder andere Reize ausgelöst werden. Irgendetwas, das uns an den Missbrauch erinnert und tief in unserem Unterbewusstsein begraben ist.

Meine Tante missbrauchte mich, bis ich zwölf Jahre alt war. Zwei Jahre später saßen wir zusammen mit meiner Familie und ihrem Mann bei uns zu Hause im Wohnzimmer und schauten einen Film an. „Die Reifeprüfung". Eine ältere Frau verführt einen sehr jungen Mann. Während des Films bekam ich plötzlich Fieber und Schüttelfrost, nahm alles nur in Trance wahr. Danach lag ich einige Tage völlig apathisch im Bett.

„Das Kind macht wieder Schwierigkeiten!" – „Der hat nur eine Grippe."

Aus heutiger Sicht ein typischer Fall von posttraumatischem Stress, der die Macht und Kraft des Unterbewusstseins zeigt. Ich wusste nicht, was los war, konnte die Situation damals natürlich nicht einordnen. Ich hatte den Missbrauch bereits verdrängt, aber mein Unterbewusstsein nahm weiterhin alles wahr.

Angst und Panikattacken waren seit meinem vierten Lebensjahr normal für mich. Du als Betroffene*r wirst solche Momente kennen, besonders dann, wenn du deinen Missbrauch für einige Zeit verdrängt hast.

In diesen Momenten der Erinnerung weißt du nicht was passiert, bist unvorbereitet. Weißt nicht, wie du auf die Bilder reagieren sollst. Hast nicht das passende Werkzeug im Kopf und im Herz.

Und dann kommt die Angst.

Angst davor, wie man mit den Gefühlen umgehen soll, Angst vor der Angst.

Angst davor, was das mit einem macht.

Angst davor, was darüber zu sprechen, zunächst in der Familie oder mit Freunden, mit sich bringen kann. In dir und bei den anderen auslöst. Denn man ist beschmutzt, missbraucht, befleckt und vor allem selbst schuld an der Situation, denkt man.

Angst davor, dass einem nicht geglaubt wird, dass man zurückgewiesen wird.

Angst davor, dass all diese negativen Gefühle nie aufhören werden, dass die Angst, das Gefängnis der Isolation und der Scham permanent präsent, ein Lebensthema sein wird.

Die Angst der Sekundärbetroffenen:

Ich habe zu unterschiedlichen Momenten in meinem Leben probiert, das Thema in meiner Familie anzusprechen. Als Kind meinem Vater gegenüber, der alles von sich wies. Leider werden wir auch mit der Angst der Erwachsenen konfrontiert, die nicht wahrhaben wollen, was passiert ist. Oft aus Angst davor, als Eltern, als Sorgeberechtigte*r versagt zu haben.

Als junger Erwachsener probierte ich es noch einmal, ich war bereits in Therapie. Auch jetzt wieder eine klare Zurückweisung. Ungläubigkeit über das, was passiert war. „Du denkst dir das aus, du warst schwer erziehbar. Du machst immer Theater."

Wenn du darüber sprichst, störst du den vermeintlichen Frieden, die oft oberflächliche Einigkeit der Urkonstellation des Vertrauens, das der Familie. Es sollten noch einmal viele Jahre vergehen, eine Zeit der Selbsterkenntnis, der Therapie, der Hilfe von Freund*innen, bis ich endgültig die Nase gestrichen voll davon hatte, dass ich, angeblich, schuld an allem war.

Erst mit vierzig konfrontierte ich konsequent meine gesamte Familie mit dem, was meine Tante mir über acht Jahre lang angetan hatte. Ohne Lügen, ohne Beschönigung!

Ich wurde sexuell missbraucht, als Kind, im Alter von viereinhalb Jahren bis zum zwölften Lebensjahr. Von meiner Tante, Hannelore Reh, die in meinem Buch „Katharsis" Magda Wilde genannt wurde.

Die Angst des Überlebenden:

Ich hatte auch noch als erwachsener Mann Angst, dass man mir nicht glaubte. Angst, ich würde umgebracht von der Täterin, wenn ich rede, so wie sie es mir als Kind immer wieder angedroht hat. So tief sitzt die Angst. Und das ist vollkommen normal unter den gegebenen Umständen.

Denn du hast als Betroffene*r nicht nur das Gefühl, gegen eine Mauer aus Stahl anzurennen. Es ist auch so.

Es ist eine Mauer aus Angst der anderen, sich mit dem Thema auseinanderzusetzen.

Eine Mauer aus Unwissenheit, Ignoranz, Ablehnung.

Eine Mauer, die auf dem Prinzip der Grundpfeiler von Missbrauch entstehen konnte:

Scham der Überlebenden, Isolation der Überlebenden und Schande der Überlebenden.

Du wirst als Betroffene*r auf dich selbst zurückgeworfen, alleingelassen.

An diesem Punkt ist es wichtig, welche Sprache, welche Begriffe du für dich auf deinem Weg der Konfrontation mit diesem Thema wählst. Ich benutze viele Begriffe, die aus dem Amerikanischen kommen.

ÜBERLEBENDE*R (Survivor): Ich habe es überlebt und bin kein Opfer.

HEILUNG (Healing): Ich benutze den Begriff „heilen" nicht im religiösen oder medizinischen Sinn. Ich bin nicht krank, aber etwas, was in mir kaputt gemacht wurde, kann ich, unter anderem mit Hilfe von Therapeut*innen, Gruppen, Freund*innen und Selbsterkenntnis, heilen.

„Es gibt keine Angst, als die Angst vor der Angst." (Konfuzius)
Angst ist also vollkommen normal. Angst wird von Täter*innen als Druckmittel eingesetzt und bleibt tief in unserem Bewusstsein und noch öfter in unserem Unterbewusstsein verankert. Wir können aber mit unserem inneren Kind (inner child) in Verbindung treten. Ihm die Angst nehmen. Es an die Hand nehmen und ihm die Sicherheit vermitteln, dass wir als Erwachsene diese Angst durchaus konfrontieren, annehmen und besiegen können.

Ich hatte sehr lange Zeit Angst, meine Täterin zu konfrontieren, selbst das Haus, in dem der Missbrauch geschah, verursachte Panikattacken bei mir. Ich konnte dieses Haus lange nicht betreten, fiel sofort in eine Starre, eine Lähmung, nicht nur geistig, sondern auch körperlich.

Angst zu empfinden ist normal und verständlich, aber du solltest ab jetzt keine Angst vor der Angst mehr haben. Du kannst sie anerkennen und mit ihr arbeiten.

Die Angst besiegen? Das hört sich danach an, als wäre die Angst dein Feind, den es zu zerstören gilt. Vielleicht kannst du anfangen, die Angst als etwas zu sehen, das dir etwas mitteilen will, etwas, das du in den Griff bekommen kannst. Die Angst sollte nicht dich im Griff haben, denn dann gibst du die Verantwortung für dich ab, bleibst passiv und ergibst dich.

Die Angst, sich deiner Angst zu stellen, ist allein oft schon beängstigend. Das ist total verständlich. Denn die Angst war eventuell auch ein wertvoller Begleiter in deinem Überleben. Schritt für Schritt wirst du sehen, die Angst ist ein Gefühl, das wie alle anderen Gefühle kommt und auch wieder vergeht, wenn du sie lässt.

Was passiert in diesem Moment mit dir, wenn du diese Zeilen liest? Legt sich ein Ring um deine Brust? Spürst du deine Angst? Willst du das Buch aus der Hand legen? Ist es zu viel auf einmal? Fühlst du dich vielleicht erkannt, gesehen von mir, der weiß, wie du empfindest? Bist du traurig oder erleichtert?
Mach für einen Moment die Augen zu, hol tief Luft und versuche, bei dir zu bleiben und nicht wegzugehen.
Du entscheidest, wie es weitergeht! Ab jetzt brauchst du die Angst, die über dich bestimmt, nicht mehr, denn was sie ab jetzt im Heilungsprozess mit dir machen kann, ist kontraproduktiv und nicht gut für dich. Die Angst kann dich einschränken, wenn sie dich weiter kontrolliert. Sie wird dich in deinem inneren Gefängnis festhalten. Mach dir bewusst, dass die Angst ein Instrument ist, das der*die Täter*in sehr lange eingesetzt hat, um dich gefügig zu machen. Um das Schweigen nicht zu brechen.
Die Angst in dir wurde von dem*derjenigen verursacht, der*die dich gegen deinen Willen missbraucht und dich instrumentalisiert hat.
Erkenne die Angst und lass sie gehen, sie muss kein Teil mehr von dir sein. Nimm ihr die negative Kraft, die der*die Täter*in verursachte. Ab hier und jetzt hast du die Macht über dein Leben und deine Gefühle.
Mach aus der fremdbestimmten Angst dein eigenes, selbstbestimmtes Gefühl: Mut.

Und genau das passiert, wenn du dich deiner Geschichte stellst.

Der Weg hin zur Selbstbestimmung. Weg von der Fremdbestimmung durch den*die Täter*in, passive Mittäter*innen, dem Schweigen und dem Tabu, das dir von der Gesellschaft aufgezwungen wurde.

2. DU DARFST ERKENNEN

Ich sehe mich als kleines Kind. Vor dem Missbrauch.

Blond, braune Augen, ein hübscher kleiner Junge, verschmust, wach, interessiert.

Ich mag Musik, ich liebe meine Mutter, die körperliche Nähe zu ihr ist wichtig. Ich leide, wenn ich von ihr getrennt bin.

Ich habe eine Schwester, die mir, unbeabsichtigt, den Platz bei meinem Vater wegnimmt. Er ist distanziert, gibt mir die Hand zur Begrüßung, hat sonst keinen (körperlichen) Kontakt zu mir. Er ist streng, trägt Anzug, geht morgens zur Arbeit und kommt abends zurück. Ich kann mir seine Liebe oder Anerkennung nicht einfach nehmen, so wie meine Schwester das tut.

Er flößt mir Angst ein. Mein Vater ist ein Kriegskind, weiß nicht, was Liebe für einen Sohn bedeutet, weil er es selbst nicht erlebt hat. Er weiß nicht, wie man Liebe gibt.

> Ein wichtiger Punkt auf deinem Weg als Überlebende*r von Missbrauch: Hinschauen! Besonders auf deine Familie.
> Versuchen zu verstehen, warum die Erwachsenen, die unser Leben als Kind bestimmten, so handelten, wie sie es taten.
> Und es vielleicht bis heute tun.
> Welche Strukturen haben diejenigen, die deine Kindheit, dein Leben damals bestimmten?
> Unter welchen Zwängen leiden sie, welchen Dogmen oder Glaubensideen folgten sie?
> Wie war ihre eigene Kindheit?
> Mach dir dazu Notizen und eine detaillierte, schriftliche „Familienaufstellung“, die du jederzeit ergänzen und ändern kannst.

Als Kind konntest du das alles natürlich nicht wissen oder hinterfragen. Vielleicht warst du oft über das Verhalten deiner Eltern erstaunt oder auch wütend. Aber jetzt, ab diesem Moment, an dem du die Verantwortung für dich selbst übernimmst, kannst du nicht einfach nur mit dem Finger auf deine Familie zeigen und sagen: „Ihr seid schuld und habt mich allein gelassen.“

Du hast recht damit, aber bleib nicht in deiner Wut stecken. Sie ist als initiale, kämpferische Emotion wichtig, aber sie darf nicht das große Gefühl bleiben, das dich beherrscht. Sie kann der Katalysator, sollte aber nicht die permanente Kraft sein, die dich antreibt.

Das wird dich auf Dauer nur selbst zerstören (mehr dazu in Kapitel 4).

Der Anfang meines Missbrauchs

Meine Schwester spielt mit Puppen, sie ist eineinhalb Jahre älter als ich. Also spiele ich auch mit Puppen, wir verkleiden uns. Vielleicht wird mein Vater mich lieben, wenn ich so bin wie meine Schwester, denke ich manchmal.

Wir leben in einer kleinen Wohnung in einem Dorf bei Dortmund namens Kirchlinde. Am Wochenende besuchen wir die Familien meiner Eltern im drei Kilometer entfernten Ort Bövinghausen, wo wir, als ich sieben Jahre alt werde, auch hinziehen. Neue Schule, neues Terrain, alles unbekannt und bedrohlich für mich. Denn da war ich schon nicht mehr ich selbst, war schon gefangen im Missbrauch.

Ich bin viereinhalb Jahre alt, als es losgeht.

Ich kann mich genau an die ersten übergriffigen Momente erinnern. Meine Mutter fuhr mit dem katholischen Verein der Kolpingfamilie nach Berlin, meine Schwester wurde zu unserer Tante Luise gegeben, ich zu meiner Tante Hanne, der Frau des Bruders meines Vaters.

Hannelore Reh war damals Ende dreißig, hatte dünnes toupiertes Haar, auseinanderstehende Augen. Und einen kraftlosen Ja-Sager als Ehemann. Kurt. Als sie 18 Jahre alt war, heiratete sie ihn aus rein praktischen Gründen. Sie war bereits mit 18 Jahren Vollwaise und wollte ihr Erbe selbst bestimmen. Kurt, ein kleiner passiver Mann, ein Mitläufer, der versuchte lustig zu sein, aber das ging meistens nach hinten los. Er war nicht oft zu Hause, sie war allein mit mir. Eine Frau, die in der Verwandtschaft als gehässig, böse und „schlüpfrig" galt. Die niederträchtig Zwist und Hass in der Familie streute und ihr intrigantes Netz um alle spann. Negativ, frustriert (definitiv sexuell aus meiner heutigen Sicht), ein nichtssagendes Äußeres. Sie war selbst ein „Opfer" von sexuellem Missbrauch durch ihren Stiefvater und einen anderen Mann, was ich später als Erwachsener in den Jahren meiner Recherche herausfand. Sie hatte keinen Job, keine Beschäftigung. Sie hatte das Haus, in dem sie lebte, und Grundbesitz geerbt.

Sie hatte bereits versucht meinen Vater, als er ein Kind war, und einen meiner älteren Cousins sexuell zu missbrauchen.

Aber das wusste ich damals als Kind natürlich nicht.

Ich wurde von meinen Eltern zur Tante gegeben, ich gehorchte. Sie sollte auf mich aufpassen, wenn meine Eltern am Wochenende wegfuhren.

Ein graues Haus an der Provinzialstraße in Bövinghausen, gegenüber der Katholischen Kirche, das Schlafzimmerfenster ging auf den Schulhof der Sonderschule. Man konnte vom Fenster aus auch die Kirche sehen. Im Erdgeschoss des Hauses war eine Fleischerei mit einer großen Wurstküche. Als ich Kind war, wurde dort noch geschlachtet. Ich sah den Fleischer, der die Schweine und Rinder aufschlitzte.

Es ist Oktober. Meine Mutter steigt in den Bus nach Berlin, winkt. Es ist Abend, es ist kühl. Ich habe ein kurzes Hemd an, aber keine Unterhose, stehe auf einem Hocker neben meiner Tante am Fenster und winke. Ich spüre die Hand meiner Tante auf meinem Hintern, sie streichelt mich. Vielleicht eine liebevolle Geste, wenn das eine Mutter macht. Diese Frau geht jedoch weiter, greift mir zwischen die Beine, fingert mich, ohne mich anzuschauen.

Es tut mir weh.

Ich weiß es ist falsch, ich schaue aus dem Fenster, ich sage nichts, habe nicht gelernt mich zu wehren. Die Tante hat die Macht, sie ist die Erwachsene und die Eltern wissen, was sie macht. Warum sonst hätten sie mich hierhergebracht, denke ich damals unbewusst. Mein kindliches Gehirn kann nicht alles begreifen, erfassen, und ich habe Angst. Ich lasse es über mich ergehen, denke, wenn ich nicht reagiere, wird es vorbei gehen.

Zum ersten Mal in meinem Leben vereise ich.

Ich habe diesen Vorgang der Vereisung in „Katharsis" mit dem Märchen der „Schneekönigin" von Hans Christian Andersen verglichen. Um Kai, den kleinen Jungen im Märchen, gefügig zu machen, setzt die Schneekönigin ihm einen Glassplitter ins Auge, damit er nichts sehen und einen ins Herz, damit er nichts mehr fühlen kann. Kai vereist in den Armen der Schneekönigin, einer einsamen, älteren, gefühlskalten Frau, der es um Macht geht. Die auf eine perverse Art glaubt, Liebe für ein schutzloses Kind zu empfinden. Die ihren eigenen Missbrauch unreflektiert an mir auslebt und weitergibt.

Kai wird erst durch die selbstlose Liebe seiner kindlichen Freundin Gerda erlöst. So hat es H.C. Andersen vor hundertfünfzig Jahren geschrieben und so traf es auf mich, einen kleinen Jungen aus dem Ruhrpott, später zu. Leider hatte ich keine Gerda, die mich retten konnte. Ich war allein.

Wenn ich vereiste, merkte ich nichts mehr. Ich fühlte nichts, selbst die Angst war nicht so schlimm, denn während es passierte, war ich wie unter einer Narkose. Wie in Watte gepackt.

Diesen Mechanismus werden viele Überlebende kennen. Das Unterbewusstsein hilft in diesen Momenten, den sexuellen Übergriff zu ertragen. Später, als der Missbrauch schlimmer wurde und ich zu Oralsex und Penetration mit Gegenständen gezwungen wurde, waren es Objekte, wie das Kreuz an der Wand oder eine Puppe im Regal, in die ich mich hineinprojizierte.

Auch ein Mechanismus, den viele Überlebende kennen werden.

Meine Tante belässt es nicht bei Fingerspielen, sie geht weiter und tastet sich sprichwörtlich über die nächsten Monate an mich heran. Es sind die späten sechziger Jahre in einem spießigen katholischen Kaff im Ruhrgebiet. Hannelore Reh ist übergriffig und lässt Zeitschriften auf dem Tisch liegen. Ich sehe die Bilder. Es sind sogenannte „Schmuddelhefte". Praline, Neue Revue, Quick. Aus heutiger Sicht harmlose Bilder von nackten Menschen, suggerierte Erotik und sexuelle Handlungen für die verklemmten Bürger*innen der Bundesrepublik.

Ich weiß, dass es nicht „richtig" ist, dass es „schmutzig" und verboten ist, diese Bilder anzuschauen, denn Sexualität, nackt sein, das gibt es nicht bei uns zu Hause. Meine Eltern waren erzkatholisch, sehr prüde, ich habe sie nie nackt gesehen. Kein Austausch von Umarmung oder Zärtlichkeiten vor den Augen anderer. Sie lebten nach der standesamtlichen Eheschließung neun Monate keusch mit- und nebeneinander in einer Wohnung. Bis zur kirchlichen Trauung. Vorher wäre Sex eine Sünde für sie gewesen.

Warum erwähne ich das?

Weil ich hingucken musste. Verstehen musste, woher ich komme, woher meine Eltern kamen, aus welcher Zeit, aus welchem Glauben, aus welchem politischen System. Wie kann ich meinen eigenen Missbrauch begreifen, wenn ich nicht verstehe, wo meine Familie, wo der*die Täter*in herkommt? Vielleicht trifft das auch für dich als Überlebende*n zu.

Wo liegen die wahren Ursachen und die Gründe, die zum Missbrauch führen?

Und wie kommt es zur Passivität der Familie, die nicht auf Zeichen des missbrauchten Kindes achtet?

Irgendwann liegt auch ein anderes Heft zwischen den Zeitungen. Ich sehe Frauen, die die Beine spreizen, Männer die Erektionen haben. Oralverkehr, Analsex. Ich denke nur, „hoffentlich reißen die Frauen nicht ein, wenn sie die Beine öffnen". Ich weiß mit fünf Jahren noch nichts über die weibliche Anatomie. Bis meine Tante mir das gewaltsam erklärt.
Ich werde oft zu ihr gegeben. Warum? Ich weiß es bis heute nicht.

Meine Mutter arbeitete damals nicht.

Meinen eigenen Vater hat diese Frau, als er ein kleiner Junge war, sexuell belästigt. Er lässt es zu, dass sie mich „betreut".

Meine Tante führte mich langsam und gezielt an den Missbrauch heran. Es scheint so, als ob sie mich zu ihrem kleinen „Liebhaber" anleiten wollte. Sie war eine intelligente Frau und wusste genau, was sie tat. Mit sechs Jahren zwang sie mich zum ersten Mal zum Oralverkehr. Vorher waren es Bilder, Masturbation und anale Penetration. Sie geht oft mit mir baden, ich muss mit ihren Nippeln spielen, sie saugen. Danach steht diese Frau nackt über mir und pinkelt mich an. Ich bin sieben Jahre alt!

Auch an dieser Stelle ein klares Wort. Ich muss diese Vorgänge beschreiben. Die Gefühle, die sie in mir auslösen.

Du, als Überlebende*r, weißt, wovon ich spreche. Aber du, dem das nicht passiert ist, weißt es nicht. Willst es vielleicht auch nicht im Detail hören. Glaube mir, ich beschreibe hier nicht jede Einzelheit, das fühlte sich grausamer an. Doch ich muss das, was geschehen ist, erwähnen, und das hat nichts, wie man mir in einer „Rezension" zu „Katharsis" einmal vorwarf, mit einer „Wichsvorlage für Päderasten" zu tun.

Wen solche Beschreibungen erregen, der hat ein großes Problem und gehört bereits zur Gruppe der Täter*innen.

Meine Tante hat bald darauf die Grenze überschritten und sie wusste es. Ich verändere mich nach diesem sexuellen Missbrauch.

Ich esse nicht mehr, ich kann mich nicht anfassen lassen. Ich werde stumm.

„Sei nicht so bockig", sagt mein Vater, droht mit Prügel.

Heute würde man meine Reaktion als Depression bezeichnen, Eltern würden aufmerksam sein.

Ich komme in die Schule und zeichne Strichmännchen, eindeutig sexuelle Dinge. Meine Lehrerin konfrontiert meine Eltern, fragt nach. Man schickt mich zum Arzt. Unverständnis. Ratlosigkeit. Ist das Kind ein Autist?

Ich werde in ein Heim geschickt. Für sechs Wochen. Das Kind muss aufgepäppelt werden, lernen zu essen.

Und zu gehorchen!

Und hier funktioniert das von mir bereits beschriebene „Missbrauchssystem" zum ersten Mal reibungslos.

Mir wird etwas angetan, ein sexueller Übergriff, sexualisierte Gewalt.

Ich habe keine Werkzeuge, ich bin sechs Jahre alt, ich schäme mich, ich habe Angst. Ich ziehe mich in mich selbst zurück, ich werde – in den

Augen meiner Eltern – schwierig. Ich habe Angstzustände und regelmäßig Albträume. Ich kann nachts Räume und Gegenstände nicht „real" erfassen. Sie sind überdimensional groß, bedrohlich. Ich verschwinde in meinem Bett, verliere mich, wache schweißgebadet auf.

Die Klärung der Ursachen meiner Verhaltensänderung bleibt an der Oberfläche. Das Kind ist schwierig, verstockt, schwer erziehbar. Das Kind gehört ins Kinderheim, da wird ihm schon Ordnung beigebracht. Meine Eltern sind nicht vorbereitet, vielleicht überfordert. Missbrauch? Kennt man nicht. Und wenn, dann redet man nicht darüber, so wie es mein Vater sein Leben lang praktizierte.

Meine Eltern fragen die Verwandten um Rat. Auch meine Tante Hannelore wird angesprochen.

„Steck ihm den Kopf unter kaltes Wasser. Dann hört er schon auf mit den Fisimatenten. Blagen, alle gleich."

So lautet der Rat der Kinderschänderin, der Täterin, der Vergewaltigerin! Als wir bei einem sonntäglichen Besuch im Wohnzimmer meiner Tante sitzen, überkommt mich die Angst und ich schreie, ich kann nicht atmen. Mein Vater nimmt sich den Vorschlag der Täterin zu Herzen, dreht die Dusche eiskalt auf, packt mich, den „bockigen" Sohn, und hält mich so lange unter das eiskalte Wasser, bis ich aufhöre zu schreien.

Weil ich keine Luft mehr bekomme.

Wasserfolter! Auch eine Therapie.

Trotz Wasserprozeduren, Schlägen und Kinderheim ändert sich mein Verhalten nicht, zur allgemeinen Fassungslosigkeit meiner Familie. Ich bleibe schwierig, ich bleibe „angstbestimmt" und ziehe mich vollkommen zurück. So weit, dass selbst die Nachbarn jetzt die Diagnose des Arztes hören: Der Junge ist Autist.

Was hat meine Mutter gemacht, die dabei war? Nichts! Sie ließ meinen Vater gewähren. Ich habe lange darüber nachgedacht, warum ich meine Mutter, mein Bild von ihr, schütze. Sie starb sehr früh. Ich stellte sie in einen Glaskasten und somit nicht in Frage (mehr dazu in Kapitel 8).

War meine Reaktion auf den sexuellen Missbrauch eine Überforderung für meine Eltern? Ja, durchaus, aber es bedeutet auch, dass sie keine Verantwortung übernommen haben und aus Angst vor dem eigenen Versagen einfach schweigen. Und das auch noch Jahrzehnte nach dem Missbrauch.

An dieser Stelle weise ich besonders auf all die „passiven" Mittäter*innen in den Familien hin. Lasst mich das kurz an einem Beispiel erklären.

Ich habe eine Freundin, eine schöne, sehr intelligente Frau in meinem Alter. Wir kennen uns über dreißig Jahre. Sie wurde von ihrem Vater über sechs Jahre lang missbraucht. Als sie dreizehn Jahre ist, geht der Vater alleine mit ihr essen und verschwindet dann mit ihr im Hotel, sie muss mit ihm schlafen, immer wieder. Auch zu Hause. Aus Angst, dass die ihre Brüder ins Heim kommen, die Familie auseinandergerissen wird, macht sie mit. Sie ist hilflos, denn es gab für sie keine Hilfe von außen. Das Schlimme an der Geschichte ist, dass die Mutter wusste, was abläuft und nichts unternahm. Sie ist also eine Mit-Täterin, genauso schuldig am Martyrium ihrer Tochter wie ihr Mann, da sie den Missbrauch duldete und nichts dagegen unternahm.

Meine Freundin ist heute selbst eine erfolgreiche Therapeutin, hilft anderen Menschen bei der Verarbeitung ihres Missbrauchs und Traumas. Sie schreibt seit langer Zeit an einem Buch über ihre eigenen Erfahrungen. Auf meine Frage, wann das Buch erscheinen wird, zögert sie. Zeitumstände, der Job, die Familie, die Gesundheit. Und irgendwann kommt dann der Satz: „Meine Mutter lebt noch! Was passiert, wenn dieses Buch erscheint? Sie wird als Mittäterin entlarvt. Das kann ich ihr nicht antun!"

Vierzig Jahre nach dem Missbrauch schützt diese intelligente, erfolgreiche Frau immer noch ihre Mutter, die Mittäterin.

Ein weit verbreitetes Phänomen, das zeigt, wie tief die Wurzeln zu den Eltern in uns sind. Und die Verbindung zu passiven Mittäter*innen.

Ein Leben lang.

Ich habe erst, nachdem ich fünfzig war, meinen Vater gehen lassen, mich nicht mehr abhängig gemacht von seiner Bestätigung, von irgendeiner Art von Zuneigung, die er mir bis zu seinem Tod verweigerte. Darüber hinaus enterbte er mich und zeigte mir noch nach seinem Tod Ablehnung und Verweigerung.

Ein Buch findet sich häufig zu Hause in den Schränken der Nachkriegsgeneration in Deutschland: „Die junge Mutter und ihr erstes Kind".

Eine Neuauflage des Buches der Ärztin Doktor Johanna Harrer, die dieses Werk in der Zeit des Nationalsozialismus unter dem Titel „Die deutsche Mutter und ihr erstes Kind" veröffentlichte. Nazipropaganda pur! Fünfundzwanzig Jahre nach dem Zweiten Weltkrieg werde ich nach den Dogmen der Neuauflage, die sich damals über eine Million Mal in Deutschland verkaufte, erzogen und behandelt.

Es gibt übrigens eine hervorragende Dokumentation über das Leben der Doktor Harrer aus der Sicht ihrer jüngsten Tochter Gertrud Harrer in der Reihe „Lebenslinien" namens „Meine deutsche Mutter". Sehenswert vor allem, weil sich auch hier die unfassbare Macht zeigt, die Eltern, selbst nach dem Tod, über ihre Kinder haben.

Licht aus, Ruhe, mach kein Theater. Keine Widerrede. Ich werde als kleiner Junge auf mich selbst zurückgeworfen.

Irgendetwas stimmt nicht mir, es ist meine SCHULD!

Ich werde weggeschickt. Ich schäme mich (SCHAM).

Ich werde isoliert (ISOLATION).

Der Anfang eines grausamen Zyklus, der lange Jahre währen sollte.

Wie war es bei dir? Kannst du dich an deinen Missbrauch erinnern?
Kannst du die Bilder zulassen, die Filme vor deinem inneren Auge?
Oder hast du keine Bilder in dir? Auch das kommt natürlich vor.
Oder gibt es eventuell „Beweise" wie Bilder oder Filme?
Bist du von einer Frau oder einem Mann missbraucht worden?
Von einer Gruppe, wie lange? Wer waren sie? Leben sie noch?
Hast du den*die Täter*in konfrontiert?
Seit wann befasst du dich bewusst mit deinem Missbrauch?
Das sind sehr wichtige Fragen. Hab' keine Angst, keine Scham. Du kannst und darfst dich diesen Fragen stellen, auch wenn sie vielleicht Trauer in dir auslösen. Es ist Teil deines Heilungsprozesses. Und für diesen Heilungsprozess kannst und darfst du dir Unterstützung holen. Du musst nicht alles alleine bewältigen und lösen.

Eva, meine Therapeutin, die ich bereits erwähnte, hat über die Jahre simple Wahrheiten und Bilder eingesetzt, die mir sehr geholfen haben.

Ich sagte einmal zu ihr: „Ich bin vollkommen verwirrt, ich habe Angst, ich kann das alles nicht sortieren, was ich da denke. Alles stürmt auf mich ein und erschlägt mich."

Sie sah mich ruhig an und nickte, dabei lächelte sie. „Das ist gut! Es ist gut, wenn du verwirrt bist, Angst hast und sie wahrnimmst. Dich in diesem Moment ernst nimmst. Denn das bedeutet auch, dass du mit der Verarbeitung deines Traumas beginnst und dich ihm bewusst stellst. Mutig bist und den ersten Schritt gehst, anders mit deiner Angst umzugehen. Verwirrung ist wichtig, denn sie ermöglicht den ersten Schritt zur Veränderung. Stell dir vor, du siehst einen großen Misthaufen auf einem Bauernhof. Dieser Mist ist auch Dünger, damit etwas Neues entstehen kann."

Für mich, der ich bildlich denke, schreibe und lerne, eine wunderbare Metapher! Das ergab Sinn, denn der Mist kann ebenfalls Nährboden für etwas Gutes sein, wenn man ihn nur richtig einsetzt und seine Haltung ihm gegenüber ändert.

Und auch wenn dieser Prozess lange dauert, so kann ich heute eindeutig bestätigen, dass Eva recht hatte.

Ich wurde nicht täglich oder wöchentlich missbraucht. Es kam immer wieder vor, über einen Zeitraum von acht Jahren. Ein kontinuierlicher Prozess, der mich in einem ständigen Zustand der Angst und Fremdbestimmung hielt. Ich hatte es mit einer intelligenten und sehr geschickten Täterin zu tun, die meine Angst instrumentalisierte, und die mir oft sagte:

„Du kannst alles erzählen, aber dir wird keiner glauben, denn du bist ein schwieriges Kind. Ungehorsam, krank, ein Autist! Und wenn du etwas erzählst, bringe ich dich um."

Angst ins Unendliche verstärkt durch eine Todesdrohung.

Warum ich nicht als Kind darüber gesprochen habe? Die Frage erübrigt sich. Täter*innen instrumentalisieren die Betroffenen, indem sie die Angst als Druckmittel einsetzen. Und diese bleibt das vorherrschende Gefühl, wenn dem Kind kein Raum, kein Glauben, keine Liebe gegeben wird.

Mit sechs Jahren komme ich in ein Heim, eine verschwommene, dunkle und kalte Erinnerung. Als ich entlassen werde, bin ich bereits emotional vereist. Will nun erst recht keine Nähe zu meiner Mutter oder meiner Schwester, wende mich mit verschränkten Armen ab. Besonders von meinem Vater, der mich auch körperlich züchtigt. Mit eiskaltem Wasser oder mit seinem Gürtel.

Wie pervers ist es, wenn ein Vater glaubt, Angst durch Angst besiegen zu können. Mein Vater sieht mein Verhalten als Affront, als Unverschämtheit und Respektlosigkeit ihm gegenüber an. Aber im Grunde zeigt sein Verhalten nur seine eigene Hilflosigkeit und sein Unvermögen, mit der Situation und mit mir umzugehen. Wenn ich das hier aufschreibe, kann ich es kaum fassen, was damals in meiner Familie vor sich ging. Aber das war meine Realität als Kind. Es war meine Normalität und es würde lange dauern, bis ich emotional erfassen konnte, was damals alles geschah.

Wir wohnen inzwischen in Bövinghausen, tauschen ein provinzielles Universum gegen das andere aus. Ich gehe dort zur Grundschule, meine Tante wohnt gleich nebenan. Ich bin sieben. Ich werde weiter in ihre Obhut gegeben. Meine Tante ist damals extrem geschickt, äußerst manipulativ und knapp zwanzig Jahre älter als meine Eltern. Sie hat die Fäden in der Hand.

Sie setzt Angst als Druckmittel ein und weiß, wie stark die Verdrängung bei ihren „Opfern" für sie arbeiten kann.

Immer wieder missbraucht sie mich für sexuelle Handlungen. Oralverkehr, Penetration mit Gegenständen, sie pinkelt mich an, ich schweige, bleibe passiv.

Ich bin jetzt fast zwölf Jahre alt, komme ganz langsam in die Pubertät, bin groß und schlank, meine Tante macht sich bei Familienfeiern lustig über mich, verspottet mich. Die ersten Pickel, ich bin schlecht in der Schule und werde gemobbt, bin der Loser, der Nerd, der die Nachmittage alleine in seinem Zimmer, in seiner Blase verbringt. Ich höre Musik, ich lese viel, die Schule wird zum Spießrutenlauf, seitdem ich auf dem Gymnasium bin.

Unterhalb der Gürtellinie finde ich überhaupt nicht statt. Ich ignoriere mein Geschlecht. Ich habe Entzündungen im Genitalbereich, es tut weh und ist blutig, ich wasche mich nicht. Der Arzt verschreibt Salben, meine Mutter kontrolliert die Gesundung. Ich bin zwölf Jahre alt! Ich will im Erdboden versinken. Scham ist das vorherrschende Gefühl. Ich gehorche und stumpfe weiter ab. Ich wünschte, ich wäre ein Mädchen, denn dann würde meine Tante mich nicht missbrauchen.

Ich habe Albträume. Ich hatte sie schon mit fünf Jahren, sie sind ein Teil meiner Realität. Hexen verfolgen mich, ich bin winzig klein, Ratten fressen sich durch mich hindurch. Ich habe Angstzustände, ich schlafwandele und wache im Treppenhaus oder im Garten auf. Selbstmordgedanken kommen.

Würden sie mich lieben, wenn ich tot wäre? Existiere ich überhaupt? Ich schweige. Ich habe keine Stimme! Die (emotionalen) Schmerzen sind so groß, dass ich sie nur ertragen kann, indem ich sie vollkommen ignoriere und tief in mir begrabe.

SCHAM, SCHANDE, ISOLATION!

Meine Tante macht weiter. Meine Eltern bringen mich wieder zu ihr, an Ostern 1974. Sie fliegen nach Rom. Nach zwei Tagen flüchte ich aus der Wohnung meiner Tante, es ist der einzige Ausweg. Es ist mir egal, was mit mir passiert, ob ich lebe oder sterbe, oder in ein Heim komme. Ich muss nur weg von dieser Frau und ihrer sexuellen Gewalt.
Ich habe endlich den Mut zu fliehen. Es ist das Ende des Missbrauchs.

Ich komme nach der Schule einfach nicht nach Hause, gehe zu einer anderen Tante in ein anderes Dorf. Sie stellt keine Fragen, sie ist einfach da. Vielleicht spürt sie, was passiert ist. Sie gibt mir einen Raum, einen sicheren Ort. Ihr Name ist Gertrud Windau, sie hat selbst vier Kinder. Eine Frau, der ich viel zu verdanken habe, denn sie nimmt mich ernst.

Und das reicht oft schon: Zu wissen, man ist sicher, man muss nicht alles erklären. Ein erster Schritt. Keiner kommt in der Nacht und vergewaltigt mich. Wenn ich bei Gertrud bin, kann ich schlafen. Als mich meine Eltern abholen wollen, verstecke ich mich auf dem kleinen Speicher wie ein verängstigtes Tier. Ich habe kein Vertrauen zu meinen Eltern. Mein Vater droht, ich gehorche und kehre zurück in unsere kalte, emotionslose Familie, die mir keinen Halt bietet.

Danach vergesse ich alles. Das Trauma wirkt, ich verdränge das Geschehene, vergrabe es tief in meinem Unterbewusstsein.

Es dauert noch vier weitere Jahre, bis ich anfange zu leben, Freunde gewinne, Kraft in mir spüre. Dinge tue und meinen Lebenswillen entdecke. Ich bin sechzehn Jahre alt.

Ich sehe die Täterin selten, obwohl wir im gleichen Ort wohnen. Sie distanziert sich.

Mein Unterbewusstsein schützt mich einige Jahre, so lange, bis die ersten Erinnerungen hochkommen und ich beginne zu verstehen, mich zu erinnern. Aber da bin ich nicht mehr in Bövinghausen, sondern bereits in Hamburg, 22 Jahre alt und studiere.

Missbrauch hat nichts mit sexueller Intimität zu tun, das ist ganz wichtig und nicht jedem klar. Besonders nicht denjenigen, die nicht missbraucht wurden, den Sekundärbetroffenen.

Täter*innen müssen nicht penetrieren, keinen Penis oder Orgasmus haben.

Was ist so erregend an ausgeübter sexualisierter Gewalt an einem Kind?

Es geht um Macht.

Diese Macht erregt die Täter*innen, die Kontrolle über einen anderen Menschen.

Oft wurden Täter*innen selbst als Kinder missbraucht und wiederholen nun das sado-masochistische Prinzip. Aus „Opfern“ werden Täter*innen, die die verlorene Macht als Erwachsene so vermeintlich zurückgewinnen. Der historische Fall des Jürgen Bartsch, dem sogenannten „Kirmesmörder“, der Anfang der sechziger Jahre kleine Jungen missbrauchte und tötete, ist ein gutes Beispiel dafür. Auch hier gibt es exzellente Dokumentationen.

Ich persönlich glaube nicht unbedingt an eine erbliche bzw. genetische Störung. Ich vermute eher, wenn ein Mensch seinen Missbrauch nicht erkennt, begreift und emotional verarbeitet, kann dies eventuell zu einem weiteren Missbrauch, einer vermeintlichen sexuellen „Machtübernahme“ über ein Kind führen.

Was meine Tante betrifft, so war dies eindeutig der Fall. Sie wurde selbst, unter anderem, von ihrem Stiefvater missbraucht und von ihrer Mutter instrumentalisiert. Es geht also nicht nur um Triebe und sexuelle Befriedigung, sondern um die Frage, wie der Trieb gelenkt wird und was für uns als Kinder sexuell konnotiert wurde. Und auch um die Frage, welche Handlungen jemand instrumentalisiert um sich mächtig, autonom oder stark zu fühlen. Vielleicht als Kompensation für ein mangelndes Selbstwertgefühl.

Wie ich erst im Jahre 2022 zufällig erfuhr, sammelte meine Tante über Jahrzehnte alles, was sie in der Presse über mich finden konnte. Es gibt ganze Ordner mit Zeitungsausschnitten und Berichten aus meiner Zeit als Model, Make-up-Artist und später als Fotograf.

Ich war absolut überrascht als ich davon erfuhr. Warum tat sie das? Warum ließ sie mich nicht gehen? Ein befreundeter Psychologe, dem ich davon erzählte, meinte achselzuckend: „Sie hat dich geliebt. Auf ihre ganz eigene, kranke und ‚perverse' Art." Das hat mich sehr berührt. Es machte mich traurig und für einen Moment hilflos. Ein Hauch von Schuldzuweisung wehte für eine Sekunde in meine Richtung. Vielleicht hast du etwas ähnliches erfahren. Aber sexualisierte Gewalt mit einem Kind hat nie etwas mit Liebe zu tun!

Ich blieb bei mir, wie immer, wenn mich etwas anscheinend „verwirrt". Ich sehe darin immer eine Chance, etwas Neues über mich zu erfahren und mich somit zu verändern. Indem ich alte Strukturen und Verhaltensmuster neu überdenke, kann ich sie auch verändern. Und zwar so, dass ich sie meinem jetzigen Gefühls- und Wissenstand angleiche, um selbstbestimmt zu fühlen, denken und leben.

Ich betrachte meinen „Fall" auch objektiv. Eine mögliche, pervertierte „Liebe" entschuldigt in keinster Form das Verhalten der Täterin, ihr Verbrechen, die Zerstörung meiner Kinderseele, die ich jetzt über Jahrzehnte heile. Aber es wirft ein anderes Licht auf diese Frau, die es nie schaffte, da selbst ein Opfer, sich aus ihren „kranken" Strukturen zu befreien.

Sie isolierte sich in den letzten Jahren ihres Lebens von der Außenwelt. Mein „Familiengericht" im Jahre 2004 bewirkte zudem einen Ausschluss aus der Familie.

Hannelore Reh lebte die letzten Jahre ihres Lebens, nach einem Schlaganfall, allein mit ihrem Mann in ihrer Wohnung. Er, der von dem Missbrauch wusste und ebenfalls ein passiver Täter war, schützte sie ein Leben lang, verbot ihr, vor anderen über das Thema zu sprechen. Er starb drei Tage nach ihrem Tod.

Ich habe die Täterin und auch ihren Mann gehen lassen. Ich weiß nicht, ob ich das, was sie mir angetan haben, verziehen habe. Aber ich möchte verstehen, begreifen und erkennen, warum diese Menschen so gehandelt haben. Denn nur so kann ich sie gehen lassen.

Es schmerzt noch immer, denn ich arbeite weiterhin jeden Tag an mir, es ist und bleibt ein Lebensthema.

Selbst heute bin ich oft über die Reaktionen von anderen Menschen erstaunt, die meine Geschichte erfahren. Verwunderung, Schock, Trauer, Entsetzen über das, was ich erleben musste. Für mich als Kind war der sexuelle Missbrauch und meine Reaktion darauf, und wiederum die Reaktion der Familie und meiner Umwelt auf mich, jahrelang „Normalität". Es dauerte Jahrzehnte, bis ich diese furchtbaren Taten und das dadurch empfundene Entsetzen nicht mehr verdrängte und empfinden konnte.

„Mit-Gefühl" mit mir selbst haben konnte.

Ich wurde in einigen Interviews, aber auch in Diskussionen gefragt, ob Missbrauch zu Missbrauch führt. Ich weiß, dass die Person, die mir diese Frage stellt, nichts Böses will, aber gleichzeitig impliziert und nachfragt, wie das denn bei mir ist. Und das ist eine übergriffige und beleidigende Frage. Denn mir wird hier etwas unterstellt.

Wenn ich Kinder sehe, gehen sie mir sofort ins Herz und ich will sie nur beschützen. Kinder sind so etwas Wertvolles, eigenes, ein Wunder an Möglichkeiten. So wie ich es vor meinem Missbrauch war, genau wie du! Und das hat der*die Täter*in versucht zu zerstören.

Glaube mir, es gibt etwas in dir, das niemand zerstören kann: Deine eigene wunderbare, individuelle Energie. Und auch wenn du sie im Moment nicht spüren kannst, so ist sie durchaus da. Verschüttet vielleicht, aber existent.

Vertraue dir!

Es geht darum, wie wir heute damit umgehen, um die Enttabuisierung des Themas in unserem Zeitalter. Damit wir den Morast des Schweigens trockenlegen, um Kinder vor diesen zerstörerischen Übergriffen zu schützen. Indem wir präventiv arbeiten!

Wenn für dich durch die erlittene sexualisierte Gewalt, sexuelles Handeln mit Macht und Fremdbestimmung verknüpft wurde sowie mit dem*der Täter*in, wie kannst du einen gesunden Weg zu deiner Sexualität finden?

Indem du genau hinschaust, wo deine Muster und Strukturen herkommen.

Und deshalb ist es so wichtig, diese zu erkennen.

3. DU DARFST DEINEN BILDERN UND DEINEN GEFÜHLEN GLAUBEN

Dieses Kapitel ist nichts für schwache Nerven. Aber das ist dieses ganze Buch nicht.

Wenn es dir zu viel wird, leg es kurz aus der Hand.

Mach einen Spaziergang, leg dich hin oder ruf eine*n Freund*in an. Gestalte deine Pause und wisse: Du musst dich deinen Gefühlen nicht alleine stellen.

> Atme tief durch!
> Bewege dich, denn wir halten viele unserer emotionalen Anspannungen im Körper fest. Dann sitzt uns „was im Nacken", „es verschlägt uns die Sprache" oder „unser Kopf platzt".
> Egal ob bei einem Spaziergang in der Natur, beim Yoga, Schwimmen, Krafttraining, Golf. Egal. Raus mit der Anspannung! Fühl deinen Körper und deine Kraft!

Wenn du deine Geschichte wirklich begreifen und erfassen möchtest, dann schau dir deine Bilder und Erinnerungen an. Keine Angst. Du stirbst nicht daran. Auch wenn es sich so anfühlen mag.

Eher stirbst du innerlich, wenn dich die Erinnerungen auffressen und du deinen Bildern und Gefühlen keinen Raum gibst, sie nicht respektierst.

Das kann zu deinem emotionalen Tod führen. Gefühl lässt sich nicht töten durch Verbot oder Verdrängung.

Dein Unterbewusstsein hat dich vielleicht lange geschützt. Aber irgendwann platzen die alten Narben auf. Da hilft kein Pflaster.

> Wenn deine Bilder und Missbrauchserinnerungen ein ständiger Begleiter in deinem Leben waren, so kannst du hier und jetzt einen Weg für dich finden, mit diesen anders umzugehen. Hör nicht auf die vielen Stimmen, die in deinem Kopf oft ihr Eigenleben führen (und nicht deine Stimme sind), und deren Restriktionen und Verbote dich bei deinem Heilungsprozess nicht weiterbringen. Wie das funktioniert, erkläre ich gleich ausführlicher.

Wie war das bei dir? Hast du alles verdrängt und dann kamen irgendwann die Bilder und die Erinnerungen zurück?

Dann ist dieses Kapitel besonders wichtig für dich.

Ich bin Anfang zwanzig, mache nach meinem Abitur inzwischen Zivildienst in einer katholischen Gemeinde mit einem fast blinden Priester. Ein guter Mann, aber auch jähzornig und aufbrausend. Er erinnert mich an meinen Großvater väterlicherseits. Ein Haudegen, ein Überlebender seiner eigenen Geschichte, die ich spüre, vermute, aber nicht kenne. Er ist fast siebzig, ich fahre ihn von einem Termin zum nächsten, richte eine Bibliothek ein, mache mich nützlich.

Gott? Fand ich damals keinen Bezug zu. Wie auch? Geprägt durch eine bigotte Gemeinde, in der Frauen ihre Pelzmäntel während des Hochamts zeigten, ein Priester, der distanziert war und später mit seiner Haushälterin zusammenlebte? Kirchenvorstand, Messdiener, Kirchenchor? Alles Theater, das empfand ich als Kind so. Keine wahre Glaubensgemeinschaft, keine Liebe für den Nächsten. War es überall so? Ich hoffe nicht! In Bövinghausen habe ich wahre Gemeinschaft, wahren Glauben leider nie erfahren.

Ich lese Freud, Jung, Alice Miller. Psychologie interessiert mich, andere Formen des Glaubens, das Metaphysische, Übersinnliche. Ich lese Bücher über Heiler aus den USA.

Ich fühle mich zu Männern hingezogen, bin aber wie ein Stein, wenn es zum Sex kommt. Ich bin wie aus Eis, der Splitter der Schneekönigin hält mich weiterhin davon ab, etwas wirklich zu fühlen. Ich habe auch Freundinnen, aber wenn es um Sex geht, fühle ich mich unwohl mit ihnen. Überfordert, gestresst, gelähmt, vereist. Ich weiß nicht, wie das gehen soll. Rein praktisch ja, aber emotional gar nicht.

Warum habe ich denn keinen Spaß am Sex wie die anderen? Ich werde auch hier regungslos, passiv, kann Intimität nicht genießen. Wenn Frauen sexuelles Interesse signalisieren, bekomme ich Angst, die ich nicht einordnen kann. Ich kann keine Grenzen ziehen und selbstbestimmt handeln. Das habe ich nicht gelernt. Ich reagiere mit Abwehr und Distanz.

Ich weiß zu diesem Zeitpunkt nicht, woher das kommt, denn ich finde Frauen durchaus erotisch.

Wenn Männer das Gleiche wollen, lasse ich Sexualität zu, obwohl ich eigentlich nur Zärtlichkeit und Liebe möchte. Akzeptanz! Zuspruch. Sex ist mir nicht wichtig. Ich fühle mich immer fehl am Platz, linkisch, unbeholfen. Ich mag meinen Körper nicht. Wenn ich heute Bilder aus der Zeit betrachte, sehe ich einen hübschen, blonden jungen Mann. Menschen bescheinigen mir Attraktivität, aber ich sehe das nicht, fühle es nicht. Auch hier stehe ich wie vor einer Mauer. Irgendwann weiß ich zwar, was die anderen sehen und setzte mein Äußeres ein, aber es sollte noch lange dauern, bis ich einen positiven Bezug zu meinem Körper habe.

Das Gefühl wirst du vielleicht auch kennen: Ein Selbstbild, das nicht stimmt, ein „sich nicht fühlen" können.

Auch das sind Folgen des sexuellen Missbrauchs. Der Fachbegriff dafür lautet Körperdysmorphe Störung oder auch Dysmorphobie. Dieses altgriechische Wort beinhaltet drei Begriffe: Dys (schlecht), Amorphos (Form) und Phobos (Furcht).

Dahinter steckt die Angst, nicht zu genügen, eine Fehlfunktion zu haben. Den Erwartungen nicht zu entsprechen, „schlecht" zu sein oder auszusehen. Sich nicht so zu erkennen, wie man ist, ein falsches Selbstbild zu haben.

Das Resultat kann eine Essstörung sein, oder auf der anderen Seite Muskeldysmorphie. Die betrifft meistens Männer, die glauben, zu klein oder zu dünn, zu schmächtig zu sein. Resultat ist oft extremes Bodybuilding. Bei Frauen ist es häufig Magersucht und damit verbunden Bulimie.

Du willst die Kontrolle über etwas haben. Wenn schon nicht darauf, was passiert(e), dann zumindest über den eigenen Körper.

Bulimie kann ein Zeichen für vorangegangenen sexuellen Missbrauch sein, muss es aber nicht.

Das alles kommt dir vielleicht bekannt vor. Dazu kommt heute noch der Druck, der von den sozialen Netzwerken ausgeht.

Bleiben wir bei dir und deinem Körper als Überlebende*r.
Wie nimmst du deinen Körper wahr? Magst du ihn oder kritisierst du dich ständig?
Siehst du dich immer nur mit selbstkritischem Blick an, oder kannst du das Schöne, Einzigartige an deinem Körper sehen?
Ich bin zu dünn, zu groß, zu klein, zu dick. Meine Nase passt nicht, abstehende Ohren, zu große Brüste, zu kleiner Penis. Ich bin hässlich! Ich passe nicht in das gängige Schönheitsideal. Wenn du dich so fühlst, lass uns kurz eine Übung machen.
Stell dir vor, wir stehen voreinander und ich umarme dich und hebe dich für einen Moment hoch. Lass es zu, dir wird nichts passieren.

Hör hin, wenn ich dir sage: „Ich enthebe dich jetzt ..." Und führ den Satz für dich weiter.
„Ich enthebe dich deiner Verantwortung, deiner Angst, nicht zu genügen, deiner selbstauferlegten Isolation."
Was auch immer auf dich zutrifft. Worum es dir in diesem Moment geht. Enthebe dich so dem Druck, der auf dir lastet. Atme tief durch und lass ihn ziehen. Oder du bittest jemanden, dem du vertraust, dir diesen Satz zu sagen und dich körperlich und geistig zu entheben. Probier es aus. Mir hat das sehr geholfen.

Schämst du dich? Wofür? Vergleichst du dich mit anderen? Das betrifft wahrscheinlich sehr viele der Jüngeren unter euch. Instagram und Co. sind nicht immer gut für dich. Die meisten Bilder sind retuschiert. Fake! Ich kann das als Fotograf sehr gut beurteilen.

Natürlich gibt es immer Dinge an unserem Körper, die wir durch Sport oder Diät, im gesunden Rahmen, ändern können. Bei vielen Überlebenden fehlt allerdings der gesunde/realistische Blick auf den eigenen Körper. Wenn wir ihn nicht wahrnehmen oder ihn ausschließlich negativ betrachten, dann glauben wir, dass er nicht attraktiv für jemand anderen sein. Eine normale Folgeerscheinung auch von sexuellem Missbrauch. Wir können nicht das „Objekt der Begierde" eines anderen werden, weil wir ihn nicht anziehen. Also sind wir sicher.

Sich selbst nicht wahrzunehmen und nicht zu spüren aus Angst vor weiterer sexualisierter Gewalt und somit in einer durch den Missbrauch bestimmten Isolation zu bleiben, ist nicht der richtige Weg. Fang mit kleinen Schritten an. Freu dich, dass du gesund bist, dass dein Körper „funktioniert". Nähere dich ihm auf liebevolle, verständnisvolle Weise, so wie du dich dir und deinem inneren Kind, deiner verletzten Kinderseele nähern kannst. Sei gut zu dir. Bevor du anfängst, dich äußerlich zu verändern, ändere erst deine innere Einstellung zu dir. Schimpf nicht mit dir, mach dich nicht runter. Das ist kontraproduktiv und Zeitverschwendung. Ich spreche aus Erfahrung.

Ich mag meinen schlaksigen Körper als junger Mann überhaupt nicht. Kann nicht verstehen, dass mich jemand anziehend findet. Mit Gleichaltrigen klappt sexueller Kontakt gar nicht. Ich kann keine Nähe zulassen und mit achtzehn bin ich immer noch „Jungfrau". Unberührt war ich schon lange nicht mehr.

Das geht einige Jahre so, ich denke nicht viel darüber nach, es ist halt so. Es ist meine Normalität. Irgendetwas stimmt nicht, aber ich weiß nicht, was es ist. Angst ist das vorherrschende Gefühl, wenn es um Sexualität geht.

Ich überspiele alles glänzend und hinterfrage nichts.

Ich lebe nach dem Zivildienst in Hamburg und studiere Sprachen, habe bald einen Freund, er ist fünfzehn Jahre älter als ich. Ich glaube ihn zu lieben, aber ich bin wie ein kleiner Junge, der seinen Vater braucht.

An einem Abend vergewaltigt mich mein Freund. Er weiß, was er tut:

„Sag mir jetzt nicht, dass du das nicht so wolltest!" Sagt er, als es vorbei ist und ich stumm da liege. Ich bin wie eine Puppe, leblos. Ich verteidige mich nicht, ich wehre mich nicht, ich lasse mich missbrauchen, benutzen, denn das Muster kenne ich gut. Aber das ist mir alles noch nicht bewusst.

Aber etwas passiert an diesem Abend. Die Albträume meiner Kindheit kommen wieder. Die ersten bedrohlichen, plakativen Bilder und Erinnerungen.

Ich arbeite neben dem Studium als Fotomodel. Ich bin jetzt ein „Erwachsener", ein Mann von fünfundzwanzig Jahren, verdiene mein eigenes Geld. Von meinem Vater gibt es keinen Unterhalt. Auch keine emotionale Unterstützung. Er bezahlt aber weiterhin meinen Beitrag für die „Begräbnishilfe", eine Versicherung, die die Kosten für mein späteres Begräbnis ermöglichen wird. Unbegreiflich!

Meine Mutter? Schweigt. Wirft mir vor, ich würde mich zurückziehen. Bekommt Krebs. Auch darüber schweigt sie zunächst. Familie des Schweigens.

Die Familie ist froh, den gestörten Jungen nicht mehr sehen zu müssen.

Ich bin allein, ein Einzelgänger, der – unbeabsichtigt – eine perfekte Fassade aufgebaut hat. Ich spiele eine Rolle. Innerlich und äußerlich. Notwendig, um mich vor dem Horror des Erlebten und den Bildern der Vergangenheit zu schützen.

> Es ist wichtig, zu erkennen aus welcher Familie du kommst und deren Muster und Strukturen zu durchschauen.

Was empfindest du, wenn du an deine Familie denkst?
Gibt es Personen, die du schützt, um eine positive Erinnerung, eine Form von „Ankerplatz“ in deiner Familie zu sichern, so wie ich das lange Zeit mit meiner Mutter gemacht habe?
Wir verdrängen viele negative Momente und Erlebnisse, weil sie schmerzhaft sind, aber in dem Prozess des Erwachens und der Veränderung, in dem du dich im Moment befindest, musst du vor allem ehrlich mit dir selbst sein.

Wenn Sekundärbetroffene verdrängen

Meine Schwester kann perfekt verdrängen. Ich bin immer wieder erstaunt, wie leicht ihr das Vergessen fällt, wenn es um unangenehme Dinge in ihrem Leben geht.

„Daran kann ich nicht erinnern“ „Wirklich? Das soll ich gesagt haben?“ „Das kann ich mir nicht vorstellen!“ „Lass mich mit deinem psychologischen Scheißkram in Ruhe!“

Es ist also wahrscheinlich, dass du selbst bei deinen Erinnerungen und Bildern durch solche Aussagen auf dich zurückgeworfen wirst, wenn sie nicht in das Bild deines Gegenübers passen. Sie werden einfach in Frage gestellt und verneint. Punkt! Schluss! Dein Problem!

Als ich meinen Vater mit seinen Kaltes-Wasser-Methoden und seinen Schlägereien mit dem Gürtel sowie mit seinen Badeschlappen (auch das machte er gerne) konfrontierte – ich war fast dreißig – kam eine hochgezogene Augenbraue, ein Seitenblick und der Spruch:

„Daran kann ich mich nicht erinnern.“

Und dann stehst du da mit deinen Bildern, deinen Gefühlen. Ohne Beweise. Du warst ein Kind.

Ein Gemeinplatz fällt mir hier ein: „In der Erinnerung verschieben sich Dinge leicht.“ Die Aussage eines Vaters zum Missbrauch seines Sohnes. Wer so etwas in Bezug auf Missbrauch sagt, weist nur seine eigene Schuld, sein Unvermögen, sich jetzt mit der Situation zu befassen, von sich.

Was passiert mit dir, wenn du so etwas oder Ähnliches hörst? In dir?

Du weißt, deine Erinnerungen und Bilder sind richtig, du weißt, es ist passiert.

Das Muster ist immer das gleiche. Egal, ob sich jemand „nicht erinnern kann“ oder sagt, dass alles nur in deinem Kopf stattfand, da sich mit den

Jahren deine Gedanken verselbständigt hätten. Du also eine Geschichte erfunden hättest.

Dir wird einfach unterstellt, dass deine Erinnerungen nicht wahr sind.

In diesen Momenten stehst du vor einer Mauer der Verteidigung, die die anderen um sich hochziehen und die nichts zulässt, weil dein Gegenüber Angst hat. Wenn jemand so reagiert, wirft er*sie dich damit auf dich zurück und tut nichts, um bei der Sortierung deiner Bilder zu helfen oder überhaupt deren Existenz anzuerkennen. Du bleibst weiter isoliert. Die anderen helfen dir oft nicht aus Scham vor ihrem eigenen Versagen oder ihrem schlechten Gewissen.

Verdrängung bedeutet Schutz für viele in der Familie, in der Schule, im Verein oder auch in der kirchlichen Gemeinde, die zur Zeit deines Missbrauchs dabei waren, vielleicht etwas ahnten und dennoch nichts getan haben. Sie blenden ihr Schuldgefühl einfach aus. Und du wirst wieder auf dich selbst zurückgeworfen, bleibst alleine mit deinen Bildern, verwirfst sie vielleicht, weil du ihnen nicht traust. Warte nicht auf die Bestätigung von außen, von deiner Familie.

Deine Bilder haben sich über lange Zeit in deinem Unterbewusstsein verankert und wollen, ja müssen ans Licht. Vertraue ihnen. Wenn du keine Bilder hast, vertraue deinen Gefühlen und deinen Verhaltensmustern, die du jetzt erkennen und bestimmen lernen kannst.

Verantwortung der Sekundärbetroffenen

Nachdem ich im Februar 2020 im Kölner Treff mein Buch „Katharsis“ vorgestellt hatte, meldete sich ein paar Tage später eine ältere Frau telefonisch bei mir, nennen wir sie an dieser Stelle Dagmar. Ich wusste sofort, wer sie war, obwohl ich sie fast fünfzig Jahre nicht gesehen hatte. Sie war eine ehemalige Nachbarin meiner Tante, und damals, zur Zeit meines Missbrauchs, eine ganz junge Frau. Sie müsse mit mir reden, sie würde mich gerne sehen. Ich willigte ein.

Ein Bild schoss mir durch den Kopf. Ich stehe auf dem Küchentisch, bin fünf Jahre alt. Ich bin nackt. Meine Tante masturbiert mich, versucht mich mit dem Finger anal zu penetrieren. Ich sehe das panische Gesicht von Dagmar, die damals vielleicht fünfzehn Jahre alt ist.

Ein paar Tage nach ihrem Anruf besuche ich sie, sie wohnt inzwischen in einem anderen Ort in der Nähe von Dortmund. Dagmar ist nun eine ältere Dame, offensichtlich nervös. Ihre Tochter ist dabei, sie bietet Schutz und Sicherheit. Dagmar erzählt mir zu meiner Überraschung, dass wir

„irgendwie" verwandt seien. Ihre Tochter hatte vor Jahren meinen Großcousin geheiratet. Im Jahr 2004, als ich mein „Familiengericht" einberief, wäre sie gerne dabei gewesen, sagt sie. Mein Großcousin hätte es ihr jedoch nicht erlaubt, mit der Begründung, dass es sich um eine Familienangelegenheit handelte.

Dagmar wird immer nervöser, die Tochter verlässt das Zimmer.

„Es tut mir alles so leid. Ich habe es einmal beobachtet. Zufällig. Den Missbrauch! Ich habe es gesehen. Ich fühle mich schuldig, dass ich geschwiegen habe, all die Jahre."

Ich schließe die Augen, atme tief ein.

Ein kurzer Moment in der Geschichte dieser Welt, in einer Eigentumswohnung im Ruhrgebiet, an einem kühlen Märztag.

Ein sehr wichtiger Moment für mich und meine Geschichte. Da sitzt sie, Dagmar, offensichtlich verstört, nervös, schuldbewusst.

Sie hat alles gesehen. Es stimmt. Sie bestätigt meine Bilder, sie beweist, dass es passiert ist.

Sie ist eine Zeugin, die ich gebraucht hätte, wäre es jemals zu einer Gerichtsverhandlung gekommen. Aber Missbrauch war damals, als ich anfing, mich als Erwachsener mit meinem Fall auseinanderzusetzen, ein Vergehen und kein Verbrechen, weswegen es nach zehn Jahren verjährte. Ich hatte keine Chance, die Täterin zu verklagen, daher das von mir einberufene „Familiengericht".

Was wäre passiert, hätte Dagmar damals, als ich Kind war, Alarm geschlagen?

Oder wenn sie zum Familiengericht gekommen wäre und als Zeugin ausgesagt hätte?

Ich horche in mich hinein, bin ruhig, ich bin nicht wütend. Sie erzählt, sie sei selbst als Mädchen missbraucht worden, hatte Angst vor ihrem Vater. Als sie meinen Missbrauch beobachtet hatte, sei sie so jung gewesen, habe den Zorn meiner Tante gefürchtet, die eine „böse Frau" gewesen sei. Ich sei der Erste, dem sie das erzählen würde. Das Geheimnis, ihren eigenen Missbrauch, den diese Frau über sechzig Jahre mit sich herumgetragen hat. Nie kommuniziert hat. Ich denke kurz an die 16.000 bekannten Fälle im Jahr 2019, in denen es zu einer Gerichtsverhandlung wegen sexuellen Missbrauchs kam. Und nicht jede Anzeige führt auch zu einer Verhandlung.

Wie hoch ist die Dunkelziffer über all die Jahrzehnte? Allein in meiner Familie wurden sechs Männer von Familienmitgliedern und Priestern sexuell missbraucht und es gab nie eine Gerichtsverhandlung. Auch ich bin Teil der Dunkelziffer, obwohl ich öffentlich über meine Geschichte spreche. Ich habe ein Buch darüber geschrieben, aber in der polizeilichen

Kriminalistik gibt es meinen Fall nicht. Ich konnte mich nicht gerichtlich wehren. Ich bekam kein Recht! Es wurde mir nicht zugestanden.

Wie so vielen anderen Überlebenden auch. Bei fast allen Überlebenden, die mir nach der Veröffentlichung von „Katharsis" schrieben, kam es zu keiner Anzeige oder Verhandlung. Die Täterin in meinem Fall blieb unbestraft. Bis zu ihrem Tod. Und das ist in den meisten Fällen so.

Vielleicht hätte ich nie „Katharsis" geschrieben, wenn Dagmar damals geredet hätte. Vielleicht säße ich jetzt nicht hier und würde meine Erfahrungen in einem Leitfaden für dich beschreiben, damit du nicht Jahrzehnte lang leiden musst.

Hätte, wäre, könnte.

Das zeigt, wie wichtig es ist, die Verantwortung zu erkennen, die jemand hat, der sexuellen Missbrauch beobachtet.

Oder jemand, der nur vermutet, dass Missbrauch stattfindet und dennoch schweigt. Aus Angst, aus Scham.

Und wieder der Teufelskreis der Scham, Schande, Isolation. Er gilt auch für eventuelle Zeug*innen, bedingt durch das Tabu. Es steht außer Frage, dass sich viele Beobachter*innen von Missbrauch schnell schuldig fühlen, wenn sie nicht den Mund aufmachen.

Daher an dieser Stelle mein Aufruf an alle, die potenzielle Zeug*innen sind: Hab' keine Angst! Trau dich, äußere deine Vermutung, deine Beobachtungen. Du kannst Schlimmes verhindern, jahrelanges Leiden im Keim ersticken. Bilder und Erinnerungen von Überlebenden bestätigen, Beweise für den Missbrauch geben, den Zyklus durchbrechen! Aktiv Prävention leben.

Schweigen nützt nur den Täter*innen.

Als junger Erwachsener lasse ich mich noch öfter „vergewaltigen". Das heißt, ich habe Sex mit anderen, obwohl ich es eigentlich nicht will, sträube mich innerlich, wehre mich aber nicht. Ich höre die Sätze „Du willst es doch auch." „Stell dich nicht so an." Denke, ich muss mitmachen. Es ist ein bekanntes Muster, gegen das ich mich nicht wehren kann, weil ich keine Werkzeuge habe. Also lasse ich es über mich ergehen.

Der Moment der Erkenntnis

Ende der achtziger Jahre, ich bin Mitte zwanzig, kommen die Bilder mit unerwarteter Kraft wieder an die Oberfläche meines Bewusstseins.
Ich bin auf einem Schauspielseminar in München.

Zwar wurde ich nie Schauspieler, aber dieser Workshop und auch die drei Jahre Schauspielunterricht in New York, Anfang der neunziger Jahre, waren wichtig und wertvoll für mich. Sie öffneten mir den Weg zu meinen Gefühlen, zu meiner Angst und zu meinem Missbrauch.

Nichts von dem, was wir tun, ist umsonst im Leben. Alles baut aufeinander auf und führt dich dahin, wo du jetzt, in diesem Moment in deinem Leben bist.

Bei diesem Workshop in München machen wir Entspannungsübungen, wir sind eine Gruppe von dreißig Menschen im Alter von zwanzig bis Mitte dreißig, Männer und Frauen. Ich mag den Workshop, die anderen, ich fühle mich sicher. Erlebe ein Gemeinschaftsgefühl.

John, unser Lehrer aus New York, ist ehrlich, einfühlsam, weiß, was er tut und wann er etwas nicht tun muss oder darf. Ein guter Pädagoge.

Ich werde von einer anderen Teilnehmerin des Workshops entspannt. Ziel dieser Übung ist, durch die Körperarbeit in Kontakt mit unseren Gefühlen und Erfahrungen, auch aus der Vergangenheit, zu kommen, die wir dann später instrumentalisieren können, um den Charakter, die Rolle, die wir spielen, so authentisch wie möglich auszufüllen.

Ich sitze auf einem Stuhl. Die andere Seminarteilnehmerin, eine junge Frau, Anfang zwanzig mit großen blauen Augen und einem netten Lächeln, leckt sich ständig unbewusst über die Lippen. Sie atmet tief und hörbar. Sie ist ein sehr sexueller Mensch, ohne dass ihr das selbst allzu bewusst zu sein scheint. Sie nimmt meine Arme hoch, sucht nach Spannungen in meinem Körper, um diese zu lösen.

Ein weiteres Ziel der Übung ist es, sein „Instrument", den Körper, zu entspannen, geschmeidig zu machen und Blockaden zu lösen, damit die Gefühle fließen können. Die junge Frau nimmt jetzt mein rechtes Bein hoch, hält meinen Oberschenkel in den Händen. Es ist Sommer, ich habe eine kurze Hose an. Ihre Hände rutschen höher, sie streift (unbeabsichtigt) mit dem Unterarm über meine Genitalien. Der Auslöser.

In diesem Moment platzt in mir etwas auf und eine Flut von Bildern strömt durch mein Gehirn. Es sind Bilder des Missbrauchs, der vor zwei Jahrzehnten begann und sich über acht Jahre zog, den ich in die Tiefen meines Unterbewusstseins vergraben hatte, um überleben zu können.

An diesem Morgen in München sitze ich auf einem Holzstuhl und werfe den Kopf zurück. Es ist der einzige Teil meines Körpers, den ich bewegen kann, der Rest ist gelähmt und wie in Schockstarre verkrampft. Ein langer Schrei entfährt mir, den ich nicht zurückhalten kann. Die Mitschülerin springt auf, die Klasse unterbricht die Übung, alle sind verstört und ich schreie weiter. John kommt, sieht mich an und macht das einzig

Richtige. Er gibt mir eine Ohrfeige. Das holt mich zurück aus dem Horror, den ich gerade erlebt hatte. Raus aus den Bildern von Oralverkehr, von meiner Tante, die mich lächelnd anschaut, während sie mich anpinkelt, dem Kochlöffel, den sie mir in den Hintern schiebt.

Was passiert da genau, wenn die Bilder wieder hochkommen, das Entsetzen und der Horror über das Erlebte wieder vor unserem geistigen Auge erscheinen? Wenn wir den Missbrauch in jeder Körperzelle fühlen? Den Schmerz, die Trauer, die Unfähigkeit, sich zu wehren, weil wir Kinder waren?

Selbst jetzt, Jahrzehnte später, ist in diesem Moment die unendliche Trauer über das, was passiert ist, real, hat mich das Entsetzen für einen Moment im Griff.

Ich habe inzwischen gelernt, damit umzugehen, habe gelernt, meinen Bildern zu vertrauen und sie zu akzeptieren. Die Angst hat keine Macht mehr über mich. Ich sehe sie und kann sie gehen lassen. Ich weiß, dass es sich um posttraumatischen Stress handelt, wenn ich für einen Moment keine Luft bekomme. Ich kann heute für den kleinen Jungen, der ich einmal war, da sein und ihn tragen, ihn halten und beschützen.

Und darum geht es bei diesem Prozess.

Du als Überlebende*r kannst dir selbst den Halt geben, den du brauchst.

Du kannst deinen Missbrauch überleben.

Es wird immer wieder Situationen geben, in denen alles hochkommt, aber sie werden nicht immer bedrohlich bleiben. Denn du wirst dir deiner eigenen Kraft bewusst werden und lernen, dass diese Gefühle dich nicht bestimmen müssen.

Aber das war ein langer Weg für mich. Und es ist ein langer Weg für alle Überlebenden.

Überlege, wie lange all die Mechanismen und Verteidigungsstrukturen in deiner Seele gebraucht haben, um sich zu formieren. Wie lange es gedauert hat, bis externe Stimmen dir suggerieren konnten, sie seien deine Stimmen, deine Werte. Genauso wirst du ganz einfach Zeit brauchen, um diese Mechanismen und Strukturen zu erkennen, zu analysieren und sie emotional zu begreifen.
Danach kommt erst die wahre Veränderung in deinem Verhalten, dir selbst und anderen gegenüber.

An diesem Tag in einem Seminarraum in München habe ich einen Horrorfilm mit mir in der Hauptrolle gesehen. Und das wird vielen so gehen, die sich erinnern.

Es kann ein Geruch, ein Film, ein neues Trauma sein, das die Erinnerungen auslöst. In meinem Fall war es eine Entspannungsübung.

John schaute meine Mitschülerin an und sagte: „Was ist denn hier passiert, Hanne?“ Sie selbst war fassungslos und wusste natürlich überhaupt nicht, warum ich so austickte.

Hanne! Der Name meiner Tante.

Und auch wenn diese Hanne nichts mit meiner Tante zu tun hatte, so legte sich doch ein Hebel in meinem Gehirn um. Der Name, die sexualisierte Energie und die Berührung der jungen Frau waren der Auslöser für meine Erinnerungen. Es dauerte einige Tage, bis ich wieder bei mir war. Ich schob die Bilder weg, hielt sie für kranke Phantastereien, das Bild meiner Mutter schob sich immer wieder dazwischen.

Angst erfüllte mich, Unfähigkeit, mich zu wehren, ich fühlte mich ausgeliefert.

Ich glaubte meinen eigenen Bildern nicht, weil sie zu bedrohlich waren. Stattdessen glaubte ich den alten Stimmen, Mustern und Strukturen in mir, die ich als „Wahrheit“ internalisiert und bisher anerkannt hatte.

Ich spinne, ich bin schuld, ich denke mir da was aus! Schuldzuweisungen von außen.

All diese Gefühle waren jetzt da, aber ich schob sie weiterhin rigoros zur Seite.

Um diese Bilder nicht sehen zu müssen.

Um das, was passiert war, nicht als eigentliche Wahrheit anerkennen zu müssen.

Weil ich nicht wusste, wie ich damit umgehen sollte. Weil ich keine Werkzeuge hatte. Weil ich isoliert war.

Es sollte noch weitere zwei Jahre dauern, bis ich mich endlich daran wagte und mich meinem Missbrauch stellte.

Du kannst, was die Verarbeitung deines Missbrauchs betrifft, nichts erzwingen. So funktioniert die Psyche nicht. Du kannst Pillen schlucken, die alles unterdrücken und mit denen du funktionierst, so wie es die Gesellschaft von dir erwartet. Upper, Downer, Adderall, Xanax und was dir Ärzte sonst noch verschreiben. Du kannst dich mit Drogen vollpumpen, damit du dich deiner Geschichte nicht stellen musst. Aber was auch immer du verdrängst, es kommt irgendwann wieder raus und will gehört werden.

Ich schloss mein Studium ab und ging Ende 1990 von Hamburg aus nach New York. Das Modeln hatte ich an den Nagel gehängt, ich fühlte mich weder attraktiv noch sonst irgendwie. Ich fühlte mich gar nicht, konnte es nicht, hatte schon mit fünf Jahren aufgehört, mich zu spüren.

Während meines Stipendiums an der Sorbonne in Paris von 1987 bis 1989 fing ich an, Make-up für Fotoaufnahmen zu gestalten. Kurz bevor ich dann zwei Jahre später nach New York ging, arbeitete ich mit Claudia Schiffer und Cindy Crawford zusammen, damals die erste Riege der Supermodels. Glück gehabt!

Die Bilder des Missbrauchs schob ich weiterhin beiseite. Ich verlor mich in den Studios der New Yorker Modewelt, flog nach Miami und in die Karibik, nach Island, Marokko und Kolumbien für Modeaufnahmen. Glitzer, Glamour, Geld, ich war ständig abgelenkt und lebte aus dem Koffer, und da wollte ich auch hin.

Die Blase platzt

Dann kam Thanksgiving, Ende Oktober 1991.

Das ultimative Familienfest in den USA. Groß zelebriert, Einigkeit, Liebe, Truthahn, Baseball. Und jede Menge unverarbeiteter Mist und kaputte Familiendynamiken. Aber nach außen hin Friede, Freude, Eierkuchen! Wichtiger als Weihnachten.

Ein paar Wochen zuvor, im September, war meine Mutter gestorben. Ich flog nach Deutschland, sah meinen Vater, eiskalt, meine Schwester, verweint. Meine Großmutter Paula, besorgt. Und den Rest der Verwandtschaft, von dem ich mich sehr weit entfernt hatte, unbeteiligt. Alle kamen zur Beerdigung. Bis auf meine Tante Hanne, die eine Ausrede erfand, wie immer, wenn sie wusste, dass ich bei einer Familien- oder Trauerfeier erscheinen würde. Die Angst hatte vor die Tür zu gehen, wenn sie wusste, dass ich zu Besuch in Dortmund war. Die in den letzten 15 Jahren ihres Lebens kaum noch das Haus verließ, nach meinem „Familiengericht" im Jahre 2004. Die alles akribisch über Jahrzehnte sammelte, was über mich in der Presse stand. Eine Täterin, die ihr Opfer nicht loslassen konnte. Eine Frau, deren pervertierte Liebe zu mir als ich ein kleiner Junge war mein Leben durch sexualisierte Gewalt für sehr lange Zeit bestimmte. Und die mich, so wie meine gesamte Familie, damit alleine ließ.

Ich fühlte nichts bei der Beerdigung meiner Mutter. Es gab keine Leiche, die war im Zoll, denn meine Mutter starb auf Mallorca. Mein Vater betrank sich, wollte ins Kloster oder sich umbringen und nahm mich auf einmal in den Arm, fünfundzwanzig Jahre zu spät. Er saß betrunken in der Küche und ich schleppte ihn morgens um drei ins Bett. Er war ein emotionales Wrack von sechsundfünfzig Jahren.

Ein paar Tage später flog ich zurück nach New York, ein Eisblock, oder eher gesagt eine Zeitbombe.

Die Explosion kam dann auch – an Thanksgiving. Einen Monat später.

Ich war an diesem Tag allein. Das kannte ich, es machte mir nichts aus. Dachte ich. Wäre doch gelacht, wenn ich diesen Tag nicht auch noch rumkriege. Heiligabend hatte ich auch schon mit Tapezieren in Hamburg verbracht. Sylvester? Alles Quatsch! Geburtstag? Wurde, seitdem ich vierzehn war, nicht gefeiert. Familie? Gab es nur in Romanen und in der Werbung.

Und dann erfasste mich an diesem regnerischen, düsteren Abend Ende Oktober in New York, der Stadt, die nie schläft, mit einer Wucht eine derartige Welle der Gefühle, dass ich dachte, sterben zu müssen. Die Bilder kamen hoch, als ich allein auf dem Sofa in meiner Wohnung in der 15. Straße in Chelsea lag und einen belanglosen Film schaute.

Wie eine Flutwelle, wie ein Damm, der bricht.

Meine Kindheit, meine Tante, meine verstorbene Mutter, der Missbrauch, die Schläge meines Vaters, die Einsamkeit, die Hilflosigkeit und die Lügen, die Enttäuschung, von meiner Familie verstoßen worden zu sein.

Alles.

Einfach alles kam hoch und kotzte sich erbarmungslos vor mich hin.

Ich rannte aus der Wohnung durch die leeren Straßen, da ja alle gerade beim Truthahnfamilienabendessen waren, und fühlte mich wie ein Zombie. Ich rannte gegen Laternen, ich stolperte, wusste nicht, was los war, und weinte – endlich – hemmungslos über den Tod meiner Mutter und über das, was man mir jahrelang angetan hatte. Stunden später kam ich erschöpft zurück. Ich konnte die Bilder nicht mehr ignorieren, ich wusste, sie waren wahr. Der Missbrauch war wirklich passiert. Er war die Wahrheit! Und ich musste mich entscheiden, jetzt und in diesem Moment, ob ich endlich, mit Anfang dreißig, anfangen würde, mich wirklich meinem Missbrauch zu stellen.

So stark und übermächtig, so zeitlos arbeiten sexueller Missbrauch und seine Folgen in uns. Nichts geht verloren, alles kommt wieder hoch, ob wir wollen oder nicht.

Außer wir ertränken es permanent in Alkohol und nehmen Drogen. Oder opfern den Sohn, wie mein Vater es tat, der vereiste, sich außerdem betrank, sein Kind opferte, sich nach dem Vergessen sehnte, und es doch niemals fand.

Wir alle haben unsere ganz eigene Geschichte, und es ist egal, welchem Geschlecht du angehörst, oder welchem der*die Täter*in angehört, der*die dich missbrauchte. Es kann sein, dass du schon lange mit diesen Erinnerungen lebst oder dich erst vor kurzem wieder erinnert hast.

MISSBRAUCH IST MISSBRAUCH.

Unabhängig vom Geschlecht.

Unabhängig davon, wie lange dieser Missbrauch, diese sexualisierte Gewalt ausgeübt, dir angetan wurde.

Dieser Missbrauch hat etwas in und mit dir gemacht, und erst wenn du dich deiner Geschichte stellst, kannst du dich aus dem inneren Gefängnis und den äußeren Zwängen befreien.

Therapie kann dabei eine große Hilfe sein und ist meiner Meinung nach für jede*n Überlebende*n extrem wichtig. Man kann dieses Trauma nicht alleine verarbeiten.

Einige Tage nach Thanksgiving begann ich eine langjährige Therapie, die viel in mir bewegte und mir half. Auf lange Zeit.

Langzeitwirkung.

Es dauerte Jahre, bis ich alles rational und emotional verarbeitet hatte und verstand.

Du siehst, du bist nicht allein mit deinen Bildern, mit deinem inneren Kampf, mit deiner Suche nach Er-Lösung und Ver- Arbeitung!

Alle Überlebenden machen das früher oder später durch, wenn sie den Mut haben, sich ihrer Geschichte zu stellen.

Wir müssen die Bilder akzeptieren, die Erinnerungen an das, was uns angetan wurde.
Wir dürfen der Angst keine Macht geben.
Wir dürfen dem*der Täter*in keine Macht geben.
Wir dürfen und sollten uns unserer Geschichte stellen. Gerade und auch mit Hilfe von Therapeut*innen.
Auch wenn der Missbrauch lange zurückliegt und du glaubst, bereits aufgegebenen zu haben.
Hast du nicht! Nur verdrängt.
Du wirst nicht daran sterben, wenn du deine Bilder zulässt.
Du wirst überleben!

4. DU DARFST KONFRONTIEREN

(Deine Familie, deine Umgebung und dich selbst)

Du hast dich inzwischen an deinen Missbrauch erinnert, falls du ihn eventuell für einige Zeit verdrängt hattest. Er ist jetzt Teil deiner Realität.

Das Verhalten (die Verdrängung, die Verleugnung, das Vergessen), das dich beschützen sollte, ist nicht mehr nötig. Oder vielleicht hattest du den Missbrauch nie vergessen, nur alles getan, um dich nicht an diese furchtbaren Momente zu erinnern. Und du spürst und weißt tief in deinem Inneren, dass Wegrennen keine Lösung ist, dass Sucht und Drogen, Schweigen und Isolation nicht der Ausweg sein können, denn sie machen dich nur kaputt und sind eine Einbahnstraße.

Du vertraust deinen Bildern und Gefühlen, du redest mit Freund*innen darüber.

Du bist vielleicht in Therapie, in einer Gruppe und erlebst zum ersten Mal, was Vertrauen und Unterstützung von anderen Betroffenen bedeutet.

Du hast vielleicht eine*n Partner*in, der*die an deiner Seite ist und du spürst, dass er*sie es ernst meint, dich ernst nimmt.

Du bist auf dem richtigen Weg, du weißt es, es verändert sich etwas in dir. Du hast Hoffnung, die Angst ist nicht mehr übermächtig.

Die Wut über das, was dir angetan wurde, ist vielleicht eine Kraft, die du einsetzt, um dich deiner ganz persönlichen Geschichte des sexuellen Missbrauchs, deiner Vergewaltigung zu stellen.

Vergiss nicht, dass unter der Wut die Trauer liegt und dass deine Wut dich vor dieser Trauer, Verletztheit und Empfindsamkeit schützen will.

Bleibst du bei deiner Wut, „wütest" herum, dann kann sie zu einer negativen und destruktiven Kraft werden, die in dir lebt, dich verzehrt und alle anderen schuldig spricht.

Es geht aber nicht um alle anderen, es geht erst einmal um dich. Die Veränderung fängt in dir selbst an.

Du bist es, der*die hinschaut, der*die verändert, Strukturen erkennen kann und diese analysiert, herausfindet, was davon wirklich für dich passt und was du davon brauchst, um weiterzuleben.

Nach deinen Maßstäben.

Du kannst dir Hilfe bei Therapeut*innen suchen, bei Institutionen, die Überlebenden einen Raum geben und wirklich Hilfe schaffen. In einer Gruppe, bei AA. Du kannst Hilfe in Gesprächen mit deinen Freund*innen finden. Das alles sind wichtige Stationen und Anlaufpunkte.

Und dann ist da die Familie. Da, wo wir uns als Kinder sicher fühlen sollten.

Da, wo wir beschützt werden, geleitet, unterstützt, auf das Leben vorbereitet werden sollten.

Wenn circa 75 Prozent aller Fälle sexuellen Missbrauchs in der Familie stattfinden, wird es sehr schwierig für uns Überlebende.

Wenn alle Bilder aus der Werbung, aus Filmen nicht auf deine Familie zutreffen, dann kann das für Verwirrung bei einem Kind oder Jugendlichen führen. Wenn das idealisierte Familienbild, das uns die Gesellschaft vorgaukelt, nichts mit dem zu tun hat, was du täglich erlebt hast.

Egal, ob du, so wie ich, aus einer konservativen weißen Familie kommst, oder wie auch immer deine ganz persönliche Konstellation aussieht: Wenn die Familie dysfunktional ist, gibt es Probleme. Natürlich war es vor einem halben Jahrhundert schwieriger als heute, das Thema Missbrauch, sexualisierte Gewalt in der Familie anzusprechen. Aber das ist es für die meisten Betroffenen auch heute noch, wenn der*die Täter*in Teil der engsten Familie ist. Wenn es sich um deinen Vater oder deine Mutter handelt.

Nicht nur weil er oder sie die Macht über dich als Kind hatte, sondern auch, weil diese Macht andauert. So lange, bis sich der*die Betroffene wehrt und daraus löst. Bis du dem*der Täter*in durch aktive und kontinuierliche Arbeit an dem Thema die Macht entziehst.

Was ist, wenn der*die Täter*in dein Bruder oder deine Schwester ist? Auch das kommt natürlich vor. Und sind diese selbst innerhalb der Familie betroffen? Was ist mit den nächsten Verwandten und in welcher Beziehung stehen diese zu deinen Eltern? Welche Macht haben sie innerhalb der Familie?

Die Familie sollte ein Ort sein, wo die Angst keinen Platz haben und Liebe, Verständnis und Vertrauen uns Sicherheit bieten sollte. Wo wir beschützt und bestärkt werden sollten.

Die perfekte, intakte Familie gibt es nicht, das ist eine Wunschvorstellung oder eine Idee aus der Werbung, die uns genau das vermitteln will.

Wenn wir ein bestimmtes Produkt kaufen, dann wird alles gut. Hauptsache, die Tischdecke ist weiß, der Kaffee hat die richtige Röstung und die Wohnung ist aufgeräumt. Nicht zu vergessen: Die richtige Versicherung, denn dann kann ja nichts mehr im Leben schiefgehen!

Diese Werbespots gab es schon in den siebziger Jahren: Egal ob der Mann von der Hamburg Mannheimer, Clementine und ihr Ariel, Persil, Rama oder Kinderschokolade.

Bilder, die mich prägten, manipulierten, mein Leben beeinflussten.

Bilder, die eine Vorstellung von Familie vermittelten, die es für mich nicht gab.

Auch du wirst wohl ähnliche Bilder im Kopf haben, vielleicht aus einem anderen Jahrzehnt, doch die Aussage wird nicht viel anders sein.

Wenn ich mich an meine Kernfamilie erinnere, so ist das vorherrschende Gefühl, die vorherrschende Erinnerung die Abwesenheit von Liebe, Wärme oder Vertrauen. Stattdessen sind da Erinnerungen an Zwänge, an Konventionen, an die Idee oder die Wunschvorstellung einer Familie. Bis heute bin ich jedes Mal erstaunt, wenn ich Kinder sehe, oder auch inzwischen erwachsene Kinder, die eine liebevolle Beziehung zu ihren Eltern haben. Ihre Eltern lieben. Und zurück geliebt werden.

Glückwunsch, wenn das bei dir so war, denn da hast du in deiner Kindheit einen wunderbaren Baustein für dein Leben bekommen. Unterstützung und Liebe von jemandem, der dein Leben bestimmte, der die Macht hatte.

Und genau das haben die meisten Überlebenden nicht, wenn sie von dem Vater oder der Mutter missbraucht wurden.

In meinem Fall war es meine Tante. Meine Eltern selbst waren traumatisierte Kriegskinder, mein Vater ein Überlebender von Missbrauch in verschiedenen Fällen. Meine Mutter, die ihr permanent schlechtes Gewissen gegenüber ihrer eigenen Mutter mit einer nach außen präsentierten Frohnatur zu kaschieren versuchte. Ihr Gefühl, nicht zu genügen, nicht gut genug zu sein, bestimmte sie dennoch.

Ich versuchte als Jugendlicher ein Gefühl von Liebe und Zusammenhalt in meiner Familie zu kreieren. Ich kam von der Schule nach Hause, machte wie besessen Schularbeiten, hatte gute Noten, um meinen Eltern zu gefallen. Ich kochte Kaffee für meinen Vater, der um 16 Uhr von der Arbeit kam. Ich putzte die Treppe für meine Mutter, ich backte. Ich kaufte ein Monopolyspiel für sonntägliche Nachmittage im Herbst. Ich ging sogar mit auf Spaziergänge. Ich versuchte die Dynamik in meiner Familie zu verändern.

Mit achtzehn Jahren, es war Weihnachten, versuchte ich mich an einer Gans. Meine Mutter kochte ungern, sie war eher eine Expertin für Tiefkühlkost. Zwei Tage kochte und backte ich für Heiligabend, dekorierte den Tisch im Esszimmer, das wir nie benutzten. Und dann saßen wir dort, hatten uns nichts zu sagen, es herrschte keine Freude.

Weihnachten! Einigkeit? Wärme? Liebe? Wie sollten meine Eltern lieben, wenn sie es nicht gelernt hatten? Wenn sie tief in ihrem Innern wussten, dass sie bei mir, dem Schutzbefohlenen, als Eltern, als Beschützer, versagt hatten.

Es war das Ende meiner Bemühungen nach einem Familiengefühl. Wenn ich heute darüber nachdenke, hatten meine Eltern immer unbewusst Angst davor, dass ich den Missbrauch anspreche. Sie hatten permanent ein schlechtes Gewissen.

Aber wohin führt ein schlechtes Gewissen und daraus resultierend die Vermeidung des Themas? Zu einer immer weiteren Distanzierung, zu einer zunehmenden Verhärtung der Fronten, je länger die Situation andauert.

Wir alle haben unsere eigene, individuelle Geschichte mit unserer Familie.

Wo stehst du jetzt und hier, in diesem Moment in deiner Familie? Dazu kannst du dir folgende Fragen stellen:

Suchst du nach deinem Platz in der Familie? Bist du wütend? Hast du Kontakt? Vor allen Dingen: Willst du Kontakt? Und wie soll der aussehen?
Kannst du diesen Kontakt bestimmen, oder so beeinflussen, dass er gut für dich ist? Losgelöst aus alten Dynamiken, die jetzt nicht mehr zutreffen? Jetzt, wo du dich veränderst.
Glaubst du, dass sich etwas ändern wird, ändern kann?
In dir bestimmt, denn du bist ja bereits auf diesem Weg. Du bist natürlich bereit, dich zu ändern. Sonst würdest du dieses Buch nicht lesen, auch wenn es dir vielleicht schwerfällt.
Aber wie sieht es mit deiner Familie aus? Ist deine Familie bereit, sich einzugestehen, dass sie Fehler gemacht hat?
Bereit. sich bei dir zu entschuldigen und dich auf deinem Weg einer inneren Heilung und Veränderung zu begleiten?
Wenn nicht, wie wirst du damit umgehen, wenn sie dich (wieder) im Stich lassen? Jetzt, wo du kein Kind mehr bist.
Unbequeme, aber wichtige Fragen. Denn erwarten kannst du viel. Ob deine Erwartungen auch erfüllt werden, das ist eine ganz andere Geschichte.
Bereite dich auf diese Situation vor. Klammere dich nicht mehr an unerfüllbare Hoffnungen, sondern mach dich jetzt bereit für deine Veränderung. Und die schließt deine Familie mit ein.

Mein Familiengericht

Ich habe keine sehr große Familie. Meine Mutter hat zwei Geschwister, mein Vater drei, aber sein ältester Bruder starb zu Beginn des Zweiten Weltkriegs. Er hatte sich mit achtzehn Jahren als Soldat gemeldet, nachdem er längere Zeit von einem katholischen Geistlichen sexuell missbraucht worden war. Er wollte zur SS, er wollte in den Krieg. Er war innerlich ein Kind mit einem unverarbeiteten Trauma.

Der Name meines Onkels war Paul Reh junior und ich kenne ihn nur von einem Schwarzweißfoto, das über dem Sofa in der Wohnung meiner Großeltern hing. Gesprochen wurde nie über den „Gefallenen", in meiner Familie des Schweigens. Von seinem Missbrauch erfuhr ich 2014. Zehn Jahre nach meinem Familiengericht! Über siebzig Jahre nach seinem Tod.

Zur Zeit meines „Familiengerichts" bestand meine gesamte Familie aus neunundzwanzig Personen. Ich hatte im Jahr 2004 meine gesamte Familie zu einem Treffen, meinem Familiengericht eingeladen, um sie über meinen Missbrauch aufzuklären. Ich wollte Gerechtigkeit, die ich von Seiten der Justiz nicht bekommen konnte. Und das Verständnis meiner Angehörigen sowie eine Entschuldigung der Täterin.

Sechzehn Familienmitglieder erschienen an jenem Sonntagmorgen in dem Konferenzraum eines Hotels in Bövinghausen, um meinen „Fall" zu diskutieren.

Der Rest hatte seine Gründe, nicht zu kommen: Angst, Scham, Schuld, Desinteresse.

Heute wären wir nur noch sechzehn Personen. Der Rest der Familie ist bereits verstorben. Kontakt habe ich noch zu neun davon. Die anderen wollen nichts mit mir zu tun haben, sind desinteressiert oder wütend.

Für mich bedeutete diese Konfrontation eine Befreiung. Für dich vielleicht auch. Denn es geht dabei um dich und nicht um die anderen.

Sei dir bewusst, dass du mit deinem sexuellen Missbrauch mit einer Bombe in der Hand auf deine Familie zugehst.

Zumindest wird es sich für einige Familienmitglieder so anfühlen.

Dennoch musst du keinen schützen. Du darfst jetzt lernen, dich selbst zu schützen.

Denn solange wir uns dem Missbrauch nicht stellen, bleiben wir in uns gefangen, in der Position des Kindes, das sich nicht wehren kann. Deine Aufgabe ist, dich selbst an die Hand zu nehmen. Ich hoffe, du stößt nicht – so wie ich damals – zunächst nur auf Widerstand und Ablehnung, sondern vielleicht auf Verständnis. Aber das setzt voraus, dass deine Familie erstens darüber informiert wird, was dir passierte.

Und zweitens bereit ist, sich in Frage zu stellen und zu verändern.

Schließlich muss sie anerkennen, eventuell versagt zu haben, weil sie dir nicht geholfen haben. Die Zeichen damals aus Angst vor der Wahrheit nicht erkannt haben.

Du musst also Geduld haben, aber dir auch darüber klar sein, dass du die Zügel in der Hand hältst.

Etwas, das ich damals noch nicht wusste. Ich gab meiner Familie nach wie vor die Macht und glaubte, nur mit ihrer Hilfe und Akzeptanz, mit ihrer Liebe, nach der ich mich immer noch sehnte, überleben zu können. Und nur so die Schuld dahin geben zu können, wo sie hingehörte: An die Täterin.

Es funktionierte bei diesem Familiengericht in dem Moment, als ich mich emotional vollkommen „nackt" machte und meine Familie nicht anders konnte, als mir zu glauben, weil sie fühlte, dass ich die Wahrheit sagte. Ich wollte nicht länger schweigen. Aus meiner heutigen Sicht war ich viel zu verhalten. Ich fühlte mich damals auch wie ein Kind, das innerlich die ganze Zeit schrie: „Glaubt mir endlich! Warum hilft mir immer noch keiner? Ihr seid doch die Erwachsenen!" Ich musste mich erklären und selbst verteidigen.

> Wenn du vorhast, deine Familie oder deine*n Täter*in zu konfrontieren, dann sei stark. Sei wütend! In diesem Moment ist Wut durchaus angebracht und wichtig. Denn du bist im Recht und hast sehr gute Gründe, für dich selbst einzustehen.
> Nimm dir jemanden mit, dem*der du vertraust, der*die dich auffangen kann, dich unterstützt, damit du weißt, dass du nicht alleine bist. Du hältst die Zügel in der Hand.

Für die Familie und jede*n Sekundärbetroffene*n:

> Wenn du vorhast, deine Familie oder deine*n Täter*in zu konfrontieren, dann sei stark. Sei wütend! In diesem Moment ist Wut durchaus angebracht und wichtig. Denn du bist im Recht und hast sehr gute Gründe, für dich selbst einzustehen.

Nimm dir jemanden mit, dem*der du vertraust, der*die dich auffangen kann, dich unterstützt, damit du weißt, dass du nicht alleine bist. Du hältst die Zügel in der Hand.

Ich fand durch das Familiengericht einen emotionalen Weg und eine Art von Familie und Zuhause bei dem Bruder meiner Mutter und seiner Familie. Bis heute! Mein Onkel ist für mich inzwischen mehr mein Vater, als es mein eigener Vater jemals war. Denn er ist für mich da, hört zu, unterstützt mich.

Bei anderen Familienmitgliedern klappte das leider nicht so gut, da waren zu viele Widerstände und eigene Erfahrungen mit Missbrauch.

Ein Cousin von mir war zwar anwesend bei diesem Familientreffen, schrieb mir aber erst sechzehn (!) Jahre später, nachdem „Katharsis" erschienen war, dass auch er sexuell missbraucht worden war. Ein weiterer Cousin schwieg bis zu seinem Tod darüber. Mein Vater, ebenfalls missbraucht, von einem Mann und von meiner Tante, erschien erst gar nicht zu diesem Termin. Die Gründe sind offensichtlich:

VERDRÄNGUNG, SCHAM, SCHANDE, ISOLATION.

Die Erkenntnis, dass mein Vater mir als Kind nicht half, nicht helfen konnte und es auch bis zu seinem Tod dreizehn Jahre später nie tun sollte, schmerzte sehr lange. Er war in sich gefangen, starb nach vier Herzinfarkten und Schlaganfällen. Er ließ mich allein, verstieß und enterbte mich. So weit kann Selbstschutz in der Familie und in einem Menschen, der sexuell missbraucht wird und sich nie damit konfrontiert, gehen. Mein Vater blieb immer das Opfer seines Missbrauchs; er wurde nicht zum Überlebenden, sondern blieb sein Leben lang gefangen in seiner emotionalen Isolationshaft. So hat er seinen Missbrauch auf seine Weise überlebt. Für mich persönlich bedeutet überleben auch, sich seiner Situation zu stellen und sie zu verarbeiten.

Natürlich hat mein Vater in seiner Vaterrolle versagt und seine Ignoranz war vielleicht die schlimmste emotionale Verletzung in meinem Leben. Ich habe ihn gehen lassen, erkannt, dass er nicht derjenige sein konnte, den ich als Vater brauchte. Und so bin ich nicht in meiner Wut auf ihn steckengeblieben.

Mach dich nicht abhängig von der Zustimmung und der Erlaubnis deiner Familie oder deiner Eltern.

Du weißt, was mit dir passiert ist. Du musst das und dich nicht beweisen! Es reicht, wer du bist und was du sagst. Schau genau hin, von wem du in der Familie abgelehnt wirst und welche Gründe diese Person haben könnte. Du kannst niemanden ändern, das müssen die Betroffenen schon selbst machen. Aber du kannst für dich selbst bestimmen, wie du damit umgehst, wenn du die Beziehungen und die Dynamiken in deiner Familie durchschaust.

Was wäre passiert, wenn mein Vater zu meinem Familiengericht gekommen wäre? Und von seinem Missbrauch durch dieselbe Frau, die auch mich sexuell missbrauchte, berichtet hätte? ME TOO!

Wenn meine Cousins aufgestanden wären? ME TOO!

Wenn mein Schwager den Mut gehabt hätte zu sagen: ME TOO!

Lass dich nicht einlullen von halbherzigen Versprechen, von wohlgemeinten, aber naiven Ratschlägen wie: „Ich hoffe, du findest jetzt deinen Frieden!" (O-Ton meiner Schwester).

Pass als Sekundärbetroffene*r genau auf, was du in diesem Moment der Konfrontation sagst, was du rätst, wie du dich dem*der Überlebenden gegenüber verhältst. Sei ehrlich! Sei aufrichtig.

„Wird schon wieder!" „So, jetzt ist es ja raus, jetzt können wir alle wieder Ruhe finden." „Es ist doch so lange her."

Solche Allgemeinplätze helfen niemandem.

Sexueller Missbrauch ist für die meisten Menschen unbegreiflich. Wie kann man sich an einem Kind aufgeilen und es gewaltsam zu sexuellen Handlungen zwingen? Auch du darfst geschockt und überfordert sein, wenn dir jemand erzählt, dass ihm oder ihr das passiert ist. Sag, wenn du Zeit brauchst, um das erst einmal zu verarbeiten. Nicht jede*r kann sofort damit umgehen und helfen. Oft reicht am Anfang eine Umarmung, oder wenn du deine Gefühle mitteilst.

Denn es zeigt deine Anteilnahme, dein Mit-Empfinden.

Wenn du vorhast, dein eigenes Familiengericht einzuberufen, also deine gesamte Familie im Verband mit deinem Missbrauch zu konfrontieren, hier einige Hinweise:

Ein Familiengericht sollte nicht zuhause, sondern an einem neutralen Ort stattfinden. Am besten in einem angemieteten separaten Raum.
Lade alle Familienmitglieder, inklusive Täter*in ein. Am besten sprichst du persönlich oder telefonisch mit allen Beteiligten. Wenn du Angst hast, den*die Täter*in persönlich anzusprechen, ist das vollkommen verständlich. Du kannst ihn*sie schriftlich einladen.
Suche dir vorab in der Familie oder in deinem Freundeskreis eine*n oder mehrere Verbündete, damit du Rückhalt und Unterstützung hast. Das kann auch eine Vertrauensperson sein, die nicht zu den Sekundärbetroffenen zählt, oder (d)ein*e Therapeut*in. Steig nicht alleine in den Ring.
Frag dich vorher:
Was möchtest du mit diesem Treffen bewirken?
Möchtest du informieren?
Möchtest du eine Entschuldigung?
Möchtest du aufklären?
Rache sollte nicht dein Motiv sein.
Überlege dir genaue Inhaltspunkte und beschreibe den Missbrauch und seine Folgen ohne Scham. Du hast das Recht dazu.
Sei dir klar darüber, dass nicht alle auf deiner Seite stehen werden, du musst mit Konfrontation rechnen. Bleib bei dir, denn ein Familiengericht ist eine sehr emotionale Angelegenheit. Und zwar für alle, die sich darauf einlassen.
Bestimme vorher jemanden, der*die das Gespräch leitet, das solltest du nicht selbst tun, da du unter hoher emotionaler Anspannung (Stress) stehen wirst. So kannst du dich ganz auf deine Geschichte, die du erzählen wirst, konzentrieren.
Nach dem Treffen solltest du darauf achten, welche Dynamiken sich in der Familie verändern und wie du eventuell deine Einstellung zu bestimmten Personen neu sortieren kannst. Mach dich nicht vom Zuspruch der Familie abhängig.

Keine*r in meiner Familie fand es damals bei meinem Familiengericht befremdlich oder sah es als eine ganz klare Schuldanerkennung der Täterin, dass sie aus Angst zu diesem Termin nicht erschien und später nur durch den Anwalt und ihren Mann mitteilen ließ, ich solle keine Lügen verbreiten.

Meine Schwester wandte sich mir nach dem Familiengericht wieder zu.

Sie wollte Frieden mit mir und in der Familie, suchte, wie ich vor langer Zeit, ein Gefühl der Verbundenheit. Sie verstand jetzt, was mir als Kind passiert war. Vorher hatte sie mich und meine Geschichte nicht wirklich ernst genommen, hatte meine Tante sogar zu sich nach Hause eingeladen. Obwohl sie damals einen sechsjährigen Sohn hatte und bereits wusste, was diese Frau mit mir gemacht hatte. Sie hatte mich und meinen Missbrauch ignoriert und nicht ernst genommen.

Auch das wirst du als Betroffene*r gut kennen. Um ernst genommen zu werden, muss man sich erst einmal selbst ernst nehmen. Und das erfordert deinen Mut und deine Kraft. Die du in dir hast! Denn wenn dein Missbrauch von anderen nicht gesehen wurde, konntest du das bis jetzt auch nicht lernen: Dich und deinen Missbrauch ernst zu nehmen und als Wahrheit anzuerkennen.

Mach dir keinen Vorwurf!

Mach dir niemals einen Vorwurf.

Du bist jetzt und hier genau richtig. Missbrauch zu erkennen, zu verarbeiten und zu veräußern ist ein langsamer Prozess. Vertrau deinem Unterbewusstsein, das für dich arbeitet. Es wird Momente der Erkenntnis geben, auf die du dich innerlich unbewusst lange vorbereitest. Das geht auch mir heute noch so. Ich vertraue diesem Prozess, beschleunige nichts mehr, erzwinge nichts mehr. Ich freue mich jedes Mal, wenn ich eine neue Erkenntnis habe, einen „Lichtblick", einen Moment, der die Vergangenheit plötzlich aufhellt.

Der Mann meiner Schwester gestand einige Monate nach unserem Treffen, dass auch er von seinem Bruder und seinem Onkel missbraucht worden war. Die Ehe meiner Schwester wurde später geschieden und danach merkte sie selbst, was ein traumatisches Erlebnis ist und wie es sich auf sie als Sekundärbetroffene auswirkte. Wir hielten den Kontakt über viele Jahre, es war nicht leicht für uns beide. Ich bin kein einfacher Mensch und geprägt durch eine schwere, traumatisierte Kindheit. Aber ich verdränge nichts mehr, sondern gehe den Dingen so lange auf den Grund, bis ich sie vollkommen verstanden und verarbeitet habe. Ich konnte schwer mit der Tatsache umgehen, dass meine Schwester gerne Dinge „vergaß".

Ihr zu erklären, dass es sich dabei um Verdrängung handelte, war nicht möglich.

Nicht jede*r aus der Familie will mit deiner Geschichte konfrontiert werden. Das ist letztlich ihre Entscheidung, auch wenn die schwer akzeptierbar ist. Rumwüten nützt da nichts.

Manche Sekundärbetroffene haben Angst oder ihnen fehlt Mut und Mitgefühl. Oder das Wissen, was sexueller Missbrauch bedeutet. Mitleid ist das Letzte, was du brauchst.

Mit-leiden muss keiner. Mit-fühlen sollten sie schon.

Als mein Vater 2015 starb, war das ein harter Schlag für meine Schwester. Und als dann im Februar 2020 „Katharsis“ erschien und ich auch in Interviews davon erzählte, was mein Vater (nicht) getan hatte, reagierte meine Schwester mit Wut und Unverständnis. Sie war der Meinung, ich würde das alles nur aus Rache machen. Natürlich zerstörte ich ihr idealisiertes Vaterbild, aber nicht aus Rache. Ich sehe es als meine Aufgabe, öffentlich meine Sicht auf die Dinge zu erzählen, weil ich aufklären will, mit Hilfe meiner Geschichte präventiv arbeiten will.

Meine Schwester hatte offensichtlich eine andere Beziehung zu diesem Mann als ich. Wie bestimmt andere Menschen auch eine vollkommen andere Beziehung zur Täterin Hannelore Reh hatten.

Ich erwähne ihren Namen ganz bewusst öfter. Nicht aus Rache, sondern um sie aus der Anonymität zu holen, ihr ein Gesicht zu geben.

Nenne deine*n Täter*in beim Namen, lass ihn*sie nicht in der Versenkung, in der Straffreiheit versinken!

Meine Schwester beschützt weiterhin ihr inneres Vaterbild. Er ist auch jetzt, im Tod noch, wichtiger als ich, der noch lebt.

Seine Verschleppung der Wahrheit und das falsche Vermächtnis haben mehr Kraft als meine Wahrheit und wer ich bin.

Sie beschützt aber vor allen Dingen sich selbst. Sie will sich nicht mehr mit dieser Geschichte auseinandersetzen. Sie vereiste zunehmend und ich merkte, dass ich keinen Zugang mehr zu ihr fand. Ich sagte ihr, dass ich mich nicht so behandeln lassen würde. Dass ich es ihr nicht erlauben würde, dass sie mich genauso behandelt, wie mein Vater es tat. Mit Ignoranz und Unverständnis. Wie kann meine Schwester behaupten, dass ihre Wahrheit wichtiger und richtiger ist als meine? Sie bewertet die Realität und die daraus entstandenen Folgen anders als ich.

Ich brach den Kontakt zunächst ab. So lange, bis sie sich ändern würde. Heute, drei Jahre später, hüllt sie sich immer noch in Schweigen und bleibt passiv.

Ich bestimmte, was ich mit mir machen ließ und was nicht. Ich sagte: Nein! Ich sagte: So nicht.

Ein wichtiger Moment der Selbstbestimmung.

Sei dir bewusst, dass sich die Strukturen in deiner Familie verändern werden. Das ist ganz normal und kann durchaus etwas Positives sein. Schließlich bedeutet Leben auch ständige Veränderung. Und das gilt auch für deine Freundschaften und deine Beziehungen, wenn du deine Geschichte nach außen trägst.
In die Familie, in den Freundeskreis, oder später dann, so wie in meinem Fall, an die Öffentlichkeit. Es wird immer negative Stimmen geben, Ungläubige, Angsthasen, Neinsager*innen, Verschwörungstheoretiker*innen. Immer!
Aber erlaube ihnen nicht, sich über dich und deine Wahrheit zu stellen, darüber zu urteilen und über deinen Umgang mit deiner Wahrheit zu richten.
Wie wichtig sind dir diese negativen, ungläubigen Stimmen von anderen? Gibst du ihnen Gewicht? Was würde das bringen? Nichts!

Wenn ein Mann im Internet schreibt, mein Buch sei eine „Wichsvorlage für Päderasten".

Wenn ein anderer kommentiert: „Ich weiß nicht, was du willst. Die Alte (die Täterin, meine Tante) sah doch geil aus! Die wollte dich zum Mann machen."

Wenn eine Frau meint, ich sei „feige", weil ich das Buch nach dem Tod der Täterin veröffentlichte. Denn sie könne sich ja jetzt nicht mehr verteidigen. (Und das, obwohl ich immer betone, ich hätte es liebend gerne zu ihren Lebzeiten veröffentlicht. Aber kein Verlag traute sich, das Buch im Jahre 2008 auf den deutschen Markt zu bringen.)

Was haben diese drei Aussagen gemeinsam? Sie schieben die Schuld auf mich. Schuldzuweisung. Schuldumkehr.

Sie verteidigen das Verhalten der Täterin und stellen mich auf eine Stufe mit ihr.

Diese drei Menschen haben offensichtlich ihr ganz eigenes Problem mit Missbrauch.

Ihre Aussagen zeigen in der Reihenfolge, wie ich sie nenne:

Den Täter, das Opfer, die Mitläuferin.

Und solche Typen wird es auch in deiner Familie geben. Dazu kommt noch das passive Familienmitglied, das ängstliche und das depressive.

Aber es gibt auch Familienmitglieder, die an deiner Seite sind! Freund*innen. Partner*innen. Sie begleiten dich, manche kurz, manche länger, manche sehr lange, falls eure Beziehung stark genug ist.

Auch ich hatte Hilfe in meiner Familie. Meine Großmutter, die nicht aktiv wurde, aber mir glaubte. Eine andere Tante, Luise Jonas, damals schon fünfundachtzig Jahre alt, wusste, dass das, was ich erzählte, die Wahrheit war, und stellte die Täterin zur Rede.

Sie gab mir dadurch ein Schuldgeständnis der Täterin und ihres Mannes. Etwas, das mir gerichtlich nicht möglich und vom Gesetzgeber verboten war. Meine Tante Luise ging zu der Täterin, ihrer Schwägerin, die sie seit über sechzig Jahren kannte, und fragte: „Was ist da wirklich passiert, Hanne?“ Die Täterin riss sich die Haare aus und lief in ihr Schlafzimmer. Sie zog die Bettdecke über den Kopf und schrie: „Ich habe es getan. Lasst mich alle in Ruhe.“ Der Kommentar ihres Mannes, dem Bruder meiner Tante Luise: „Da muss sie jetzt wohl durch.“

Wenn du also Hilfe in der Familie findest, super! Sei dir aber deiner Bedürftigkeit nach Zustimmung und Gehörtwerden bewusst. Sie sind dein gutes Recht, aber manche Dinge gehören in eine Therapie.

Ein Familienmitglied kann nicht alles leisten. Muss es auch nicht.

Was ist, wenn du auf der anderen Seite stehst, in der Familie?

Du als Sekundärbetroffene*r, der*die helfen möchte, Glauben schenkt?

Du, der*die als Familienmitglied da ist?

Du, der*die jetzt weiß, dass dein*e Partner*in missbraucht wurde?

Was ist mit dir, was passiert mit dir, wenn dein Kind, deine Schwester oder dein Bruder, dein Neffe, deine Nichte oder ein*e andere*r Verwandte*r mit einer Missbrauchserfahrung an dich herantritt. Oder ein*e Freund*in?

Du, der*die vielleicht schon länger etwas vermutet hat.

Warum hast du nichts gesagt?

Wovor hattest oder hast du Angst?

Warum lässt du dich heute, 2023, von einem Tabu gängeln, von deiner Angst bestimmen?

Warum lässt du dich davon abhalten, aktiv zu werden?

Fragen, die es ehrlich zu beantworten gilt. Und die individuell sehr unterschiedlich sind.

Zunächst einmal ist eine solche Offenbarung immer ein Schock. Sei behutsam mit dir, nimm dir die Zeit, die du brauchst, um das zu verarbeiten, aber kommuniziere das auch mit dem*der Betroffenen. Es sei denn, es handelt sich um ein Kind oder einen sehr jungen Menschen. Dann musst du stark sein und solltest sofort Hilfe leisten! Die Behörden oder die Polizei alarmieren

Wie das weiter aussehen kann?

SEI DA! Ganz einfach, sei da für die Person, die kommt und dir ihr Vertrauen mit dieser Geschichte schenkt.
HÖR ZU! Das ist leichter gesagt als getan. Denn diese Geschichten sind mit viel Schmerz verbunden.
GLAUBE! Auch wenn es schwierig ist: Glaube der Person, die dir ihre Geschichte anvertraut. Und handle dann auch dementsprechend. Indem du dir zum Beispiel Rat beim Hilfetelefon Missbrauch holst.

Meine Großmutter Paula Kramer, damals schon vierundachtzig Jahre alt, meinte zu mir, als ich ihr meine Geschichte über meinen sexuellen Missbrauch erzählte:

„Das ist schwer vorstellbar, aber wenn du sagst, dass es so war, dann glaube ich dir."

Mehr nicht. Aber das tat sie dann auch. Sie machte nichts anderes, sie stellte niemanden zur Rede, sie ging nicht auf die Barrikaden. Doch sie hörte zu, glaubte mir und gab mir Raum. Und sie ergänzte Aussagen, die ich machte, bestätigte Vermutungen.

Sie tat das alles manchmal ungern, ich konnte es fühlen. Aber sie machte es. Und das gab mir Sicherheit.

Sie war mir am Anfang eine große Hilfe. Und dennoch war und bin ich es, der diese ganze Arbeit, diese Verarbeitung allein machte und immer noch macht.

Ich wünsche mir, dass mehr Überlebende ihre Geschichte erzählen, egal, wie alt sie sind. Es ist nie zu spät dafür!

Ich wünsche mir, dass du als Familienmitglied, Freund*in oder Partner*in da bist. Es kann passieren, dass sich dadurch die Dynamiken in der Freundschaft oder in deiner Partnerschaft, in deiner Ehe verändern werden. Das kann auch manchmal nach hinten losgehen.

Es kann aber vor allen Dingen eine Chance sein, alte Muster zu durchbrechen und einem geliebten Menschen auf seinem*ihrem Weg, auf seiner*ihrer Suche zu helfen. Du als Partner*in kannst nicht alles wieder gut machen, du kannst auch nicht der*die Therapeut*in sein.

Aber du kannst zuhören, ernst nehmen und da sein. Und das ist sehr viel und eine große Hilfe.

Indem wir unsere eigene Geschichte verarbeiten und darüber sprechen, bewirken wir neben der Aufklärung ebenfalls die Prävention.

Je mehr Menschen über ihre eigenen Erfahrungen sprechen, je offener das Thema in der Gesellschaft und in der Familie besprochen werden kann, desto mehr entziehst du den Täter*innen den Raum und ihre destruktive Macht.

Wenn das Schweigen aufhört, enttabuisieren, entnormalisieren wir sexuellen Missbrauch.

Und dadurch können wir viele Kinder vor diesen furchtbaren Erfahrungen schützen.

Ihnen beibringen sich zu wehren, den Mund aufzumachen und Nein zu sagen, sich anzuvertrauen, wenn etwas passiert ist.

Zu wissen, dass sie nicht im inneren Gefängnis der Scham, Schande und Isolation untergehen müssen.

Zu wissen, sie haben das Recht, sich zu wehren und sich mitzuteilen.

5. DU DARFST BEI DIR BLEIBEN, OHNE DICH SELBST ZU MISSBRAUCHEN

Bleib bei dir!

Wenn das so einfach wäre. (Aber nichts ist einfach auf deinem Weg als Überlebende*r)

Du hast dich erinnert, du traust deinen Bildern, du konfrontierst vielleicht deine Familie. Du bist einen großen Schritt weitergekommen.

Das hat viel Kraft gefordert. weil du aus dir selbst heraus proaktiv einiges in die Wege geleitet hast.

Du hast Mut bewiesen, hingeschaut und dich deiner Geschichte gestellt. Und die Angst überwunden, andere zu konfrontieren und/oder von den Geschehnissen zu erzählen.

Nun kannst du im Laufe der Zeit heilen. Und das wirst du auch.

Aber da gibt es noch einige Stolperfallen, Zeitbomben, die explodieren können. Auf die möchte ich dich jetzt aufmerksam machen.

Du wirst immer wieder Verhaltensweisen an dir bemerken, die für dich zunächst keinen Sinn ergeben. Wenn du zum Beispiel kontraproduktiv, passiv und selbstzerstörerisch handelst, und so die Macht über dich und deine Selbstbestimmung abgibst.

An wen fragst du dich?

An alte Bilder. Oder an Menschen, die dich missbraucht haben und die vielleicht nicht mehr leben.

An internalisierte Stimmen.

Oder vielleicht auch an Menschen, mit denen du emotional verbunden bist, aber deren Urteil du nicht mehr wertschätzt.

Freundschaften können sich an diesem Punkt verändern. Wenn du auf deinem Weg als Überlebende*r plötzlich nicht mehr mit alten Freund*innen zurechtkommst, ist das völlig normal. Wann wurden diese Freundschaften geknüpft? In einer Zeit, als du noch eine andere Person, ein „Opfer“ warst? Bevor du dich deiner Geschichte mit all ihren Komplikationen und Veränderungen gestellt hast?

Schau hin, wie du warst und ob die Gesetze, nach denen du damals diese Freundschaften gelebt hast, heute noch stimmen.

Hast du die gleichen Verhaltensmuster, oder hat sich das geändert?

Bist du anders geworden? Offensiver, mutiger, freier?

Können deine alten Freund*innen deinen neuen Weg mit dir gehen und stehen sie dir in diesem Moment deiner Entwicklung bei?

Oder fehlt ihnen die Kraft dazu?

Leben bedeutet dynamische Veränderung.

Alte Strukturen und vermeintliche Gesetze, die nicht mehr auf dich und deine jetzige Situation zutreffen, kannst du ändern, wenn du dazu bereit bist. Und diese Veränderung bedeutet dann auch eine Veränderung der Dynamik in deinen Beziehungen.

Wenn ein „Opfer" von sexualisierter Gewalt und Missbrauch zum*zur Überlebenden wird, befindet er*sie sich im Wandel, und wird sich verändern. Es kann schwierig für Sekundärbetroffene werden, denn dieser Wandel erfordert viel Verständnis und Rücksicht.

Egal, ob es sich um ein Kind oder eine*n Erwachsene*n handelt.

Um bei dir bleiben, dir treu bleiben zu können, musst du wissen und erkennen, wer du wirklich bist. Und wer du warst.

Du siehst dich in der Zeit vor dem Missbrauch, während es passierte und danach.

Du analysierst und beobachtest deine Familie und dich selbst, erkennst die Dynamiken, vielleicht auch die unbewussten Prozesse und kannst andere darauf aufmerksam machen.

Du verstehst, was Übertragung und Identifikation bedeuten, du bist in Therapie (wenn du Glück hast, einen Platz zu bekommen und eine*n Therapeut*in zu finden, der*die für dich passt).

Sucht

Es kann auch passieren, dass dein Unterbewusstsein dir einen Strich durch die Rechnung macht und du in diesem Moment selbst nicht verstehst, warum du nicht aufgeklärt und rational auf Dinge und Situationen reagieren kannst. Du suchst nach schnellen Lösungen, einem Ausweg, wenn der Druck von außen und von innen zu stark wird.

Dann kann das Problem Sucht auftreten.

Wir sind alle süchtig nach irgendetwas. Das ist menschlich! Wir suchen den einfachen Weg des Verdrängens und Vergessens.

Das Problem der Abhängigkeit entsteht aber genau dann, wenn wir in dieser Schleife hängen bleiben und (selbst) nicht mehr herauskommen.

Woher kommt das Wort Sucht und was beinhaltet es? Das alt- und mittelhochdeutsche „Suht", später „siech", bedeutet „krank sein". Früher wurden alle Krankheiten als Sucht bezeichnet.

Für mich beinhaltet es auch das Wort „suchen".

Wir suchen nach etwas. Nach einem Ausweg, nach etwas, das uns kurzzeitig glücklich macht oder von den grausamen Gedanken an die Vergangenheit und der Realität der Gegenwart befreit.

Was wir außerdem in den letzten Jahren vollkommen unvorbereitet und persönlich erleben, ist die COVID-19-Pandemie (oder auch Corona-Pandemie) und ihre Auswirkungen. An dieser Stelle möchte ich nur kurz darauf aufmerksam machen, dass sexueller Missbrauch in der Familie durch die Pandemie verstärkt auftritt, wovon wir im Moment nur die Spitze des Eisberges sehen.

Wir sind allein, einsam, fühlen uns isoliert und sind es auch. Dass da Drogen (und dazu zählt auch die legalisierte Droge Alkohol) verstärkt konsumiert werden, liegt nahe.

Sucht kann sich in unterschiedlichen Formen zeigen. Natürlich gibt es die harten Drogen und Alkohol, aber Shopping, Sex, das Internet, Pornographie, Essen, das alles kann ebenfalls zu einer Sucht werden.

Dich dafür zu bestrafen, dass du nach etwas süchtig bist, ist der erste kontraproduktive Schritt, der ein Muster weiterführt, das du gut kennst: (Selbst-)Bestrafung. Und Scham. Das führt dich mit deinem Problem in die Isolation.

Wichtig ist daher schon die Frage des Anfangs: Wie kommt es zur Sucht? Zu einem Suchtverhalten und dann später zum Suchtdruck? Und schließlich: Wie kommt man da wieder heraus?

Du findest etwas, das dich kurzzeitig scheinbar glücklich macht. Du bist high, du bist „drauf", du „schießt dich weg".

Für einen Moment vergisst du alles. Du möchtest immer wieder den „ersten Moment" erleben, der dir das initiale High verschafft hat. Irgendwann reicht ein Drink nicht mehr, ein Joint oder eine Pille. Der Körper hat sich daran gewöhnt und braucht mehr. Viele geraten schnell in eine Abhängigkeit, ohne es zu bemerken. Zugeben, dass man ein Problem mit Alkohol oder Drogen hat, ist noch einmal eine andere Geschichte und ohnehin mit dem Gefühl der Scham besetzt. Das führt wiederum zur Isolation. Ein Teufelskreis, den du bereits durch den Missbrauch gut kennst.

Ich habe lange über meine eigenen Süchte nachgedacht. Therapie und AA oder andere Support-Gruppen sind sehr wichtig, wenn du ein Problem mit Drogen hast. Ich habe früher den Fehler begangen und gedacht, ich könnte mein Problem mit Missbrauch und Drogenkonsum alleine lösen. Denn das war ich ja so gewohnt: Ich mache alles mit mir selbst aus. Das hat zwar teilweise funktioniert, aber die wirklich wichtigen Erkenntnisse habe ich nur in der Therapie oder im Austausch mit anderen gewonnen. Der Alleingang erfordert zudem sehr viel Zeit und birgt auch die Gefahr, dass man sich selbst belügt.

Ich persönlich brauchte lange, um zu erkennen, dass ich ein Problem hatte. Ich funktionierte ja, ich verdiente Geld und ab und zu mal alles vergessen zu wollen, das kann doch nicht so schlimm sein. Erst in den AA-Sitzungen erkannte ich, dass ich nicht ehrlich zu mir war. Ich möchte hier auf ein bestimmtes Verhalten eingehen, einen Prozess, der bei mir jahrelang unbewusst ablief und durch den Missbrauch bedingt war.

Überschneidung der Ebenen

Manchmal passiert etwas in uns, was ich eine Überschneidung der Ebenen nenne. Eine dritte Ebene entsteht. Mit Ebenen meine ich verschiedene Erfahrungen und Erlebnisse, die im ersten Moment scheinbar nichts miteinander zu tun haben, aber zum Beispiel durch fehlende Aufarbeitung miteinander vermischt werden und zu Problemen führen können. Wenn das passiert, wird es schwierig zu differenzieren und einen Ausweg zu finden, denn dann ist man bereits in eine Falle getappt, ohne es zu bemerken.

Ich möchte das an einem persönlichen Beispiel erklären.

Mein Vater verstarb im Oktober 2015. Ich ging zu seiner Beerdigung, obwohl wir seit 2013 keinen Kontakt mehr hatten.

Er wollte keine Klärung, er wollte keinen Sohn, er wollte keine Auseinandersetzung. Er wollte sich nicht mit meiner und seiner Geschichte konfrontieren. Er wollte seine (vermeintliche) Ruhe.

Es tat mir weh; ignoriert werden, nicht gehört werden.

Irgendwann erkannte und akzeptierte ich, dass mein Vater sich nie ändern würde.

Ich hörte auf, etwas von ihm zu fordern, das er mir nie geben würde, weil er es gar nicht konnte. Ich wusste, dass ich eine Bedrohung für seinen vermeintlichen Frieden war, für die Blase, in der er lebte.

Ich ließ ihn gehen.

Meine Ratio, mein Verstand und mein Herz ließen ihn gehen.

Mein Unterbewusstsein jedoch hielt ihm, unbemerkt, die Treue.

Es gab weiterhin, tief in mir verborgen, einen Teil, der nach seiner Liebe und Anerkennung suchte.

Ich war immer noch „süchtig“ nach seinem Zuspruch. Obwohl ich, wenn er nicht mein Vater wäre, zu diesem Mann mit seinen Einstellungen und Auffassungen niemals Kontakt gesucht hätte. So viel zur Macht und Stärke der frühkindlichen Prägungen, die wir alle in uns tragen.

Ich spürte nach seinem Tod eine Erleichterung. Jetzt war ich frei. Glaubte ich.

Ich hatte allerdings mein Unterbewusstsein nicht auf dem Schirm.

Ein paar Monate nach dem Tod meines Vaters traf ich nach langer Zeit einen Mann, der mich interessierte. Nennen wir ihn Lukas. Es war Februar 2016 und ich war seit einigen Jahren Single. Was Beziehungen betraf, tappte ich immer wieder in alte Fallen. Ich gab meinen Partnern immer das, was ich selbst brauchte, bekam es aber nicht zurück. Ich erkannte im Laufe der Jahre mein Muster, die Sehnsucht nach dem unerreichbaren, abweisenden Vater, und suchte nicht mehr aktiv nach einer Beziehung.

Lukas war Mitte dreißig, smart, gutaussehend, charmant. Er studierte Sozialpädagogik, zweiter Bildungsweg. Ein Spätzünder, ein gebranntes Kind, so wie ich. Ebenfalls vom Vater ignoriert. Er kam auf mich zu. Wir verliebten uns. Ich war zum ersten Mal auch wirklich sexuell interessiert, genoss die Intimität. Ich lebte in den USA, Lukas in Berlin.

Im Mai wurde das Testament meines Vaters öffentlich. Er hatte mich enterbt. Ein harter Schlag. Er hatte das Testament vor zwanzig Jahren gemacht, als ich ihm von meinem Missbrauch erzählt hatte. Er hatte es danach nie geändert.

Ich fühlte mich wieder wie ein verstoßenes, verletztes Kind, wie ein ungeliebter Verlierer.

Der Anwalt verlas das Testament und Lukas fing mich ein paar Tage später auf, sagte mir, dass er mich liebte. Ich vergaß alles andere. Da war ein Mann, der das sagte, was ich ja eigentlich mein Leben lang von meinem Vater hören wollte. Aber ich war kein Kind mehr und Lukas nicht mein Vater. Das begriff ich in diesem Moment leider noch nicht.

Kennst du dieses Phänomen, wenn dir als Beobachter*in, als Außenstehende*r das Problem eines anderen Menschen vollkommen klar ist? Aber wenn es dich selbst betrifft, hast du Scheuklappen auf? Du steckst auf einmal in der Vergangenheit und den damit verbundenen Mechanismen und Verhaltensstrukturen fest und merkst es erst einmal selbst nicht? Genauso war es bei mir.

Die nächsten Monate wurden zur Hölle. Nicht nur für mich, sondern auch für den Mann aus Berlin. Ich wollte jetzt diese Liebe, ständig, immer. Stieg in einen Flieger nach Deutschland. Ich wollte das, was ich als Kind nicht hatte. Ich erkannte leider nicht, dass Lukas nicht nur von seiner eigenen Geschichte überfordert war, sondern eindeutig auch von meiner. Weil es natürlich nicht seine Geschichte war und er seine eigenen Probleme hatte. Weil er ein anderer Mensch war, Symbiose nicht wollte.

Dass er außerdem ein Soziopath war, erkannte ich erst später.

Er distanzierte sich, doch ich ließ nicht locker.

Kennst du selbst so eine Situation und fragst dich, warum deine Beziehung nicht funktionieren konnte? Obwohl du alles gegeben hast und weißt, dass du gut für den anderen warst. (Du solltest dich allerdings fragen, ob der andere gut für dich ist!)

Ich brauchte neun Monate, bis ich verstand, was hier passierte. Diese Erfahrung ging so tief und brachte so viele Widerstände, so viel Unverständnis und Schmerz in mir zu Tage, dass ich anfing zu trinken.

Ich trinke nicht. Alkohol ist nicht meine Droge.

Und dennoch trank ich zwei Monate lang jeden Tag Alkohol, ich rauchte eine Packung Zigaretten am Tag, ich konnte nicht schlafen. Alles tat mir weh. Das Herz, das Hirn. Ich wollte meinen Schmerz nicht spüren! Ich wusste, dass das, was ich tat, selbstzerstörerisch war. Und ich tat es trotzdem.

Ich konnte mich nicht wehren, weil ich nicht wusste, warum ich es tat. Ich war in diesem Moment hilflos.

Auf einmal hatte ich wieder Suchtdruck.

Ich hatte die dritte Ebene nicht beachtet.

Dritte Ebene, wirst du fragen, was soll das denn jetzt?

Ich hatte sie auch nicht auf dem Schirm. Dachte, ich hätte mich und meine mir früher unbewussten Verhaltensweisen im Griff, schließlich hatte ich sie jahrelang analysiert. Ich hatte nicht damit gerechnet, dass sich Ebenen überschneiden und wir in sehr frühe Verhaltensmuster zurückgeschleudert werden, die wir zunächst nicht begreifen (können).

Ich war damals vollkommen neben der Spur. Meine Freunde erkannten mich nicht wieder. Ich tat alles, um bei Lukas zu sein, ihm zu gefallen. Je mehr ich das tat, desto stärker nahm er die Beine in die Hand und rannte in die entgegengesetzte Richtung. Ich überforderte ihn, denn ich projizierte all meine Sehnsüchte auf ihn. Das hatte zwar viel mit mir, aber nichts mit ihm zu tun.

Hier vermischen sich die Ebenen. Vater stirbt (A), und spuckt dich aus dem Grab an (enterbt). Ein anderer Mann kommt und verspricht Liebe (B). A und B überschneiden sich, werden zu C. Sie bleiben eigentlich A und B, nur merkst du es nicht, denkst, es ist C und projizierst all deine Sehnsüchte (die bewussten und die unbewussten) auf das vermeintliche Objekt deiner Begierde.

Ich hatte Lukas zu meinem Vater gemacht, ohne es zu wollen, ohne es zu merken. Ich wollte etwas von jemandem, der mir nicht das geben konnte, was ich brauchte.

Irgendwann hielt ich den Schmerz dann aus. Ich verließ das Haus und löste diese toxische Beziehung, die ich selbst aufrechterhielt. Ich habe mich immer aus meiner Sucht oder meinem Suchtdruck befreit, allein, ohne Hilfe. Ich sprach selten darüber, aus Scham. Heute weiß ich wie wichtig es ist, sich auszutauschen, zu wissen, dass es anderen auch so geht.

In dem Moment der Erkenntnis nach neun Monaten brauchte ich keinen Alkohol, keine Zigaretten, keinen Lukas.

Ich war für eine Zeit lang in die Falle der dritten Ebene getappt.

Und das passiert leider vielen Menschen. Natürlich nicht nur Überlebenden von sexuellem Missbrauch.

Schau dir deine Beziehungen an. Welche Rolle erfüllst du? Und tut sie dir gut? Welche Funktion erfüllt diese Beziehung für dich? Und für den*die andere*n?
Ergib dich nicht in eine „Liebe", in eine Beziehung, die entweder einseitig, destruktiv oder kontraproduktiv ist.
Sag nicht, dass du machtlos dagegen bist.
Das hat nichts mit Liebe zu tun, sondern mit alten Mustern, die wir bedienen. Und mit der dritten Ebene. Oder mit deinem Ego. Dein Ego schreit nach Aufmerksamkeit, Liebe, Zuwendung und vergisst gerne, dass dein Gegenüber eine eigenständige Person ist und du Erwartungen und Sehnsüchte auf ihn*sie projizierst.

Warum sind Drogen und sexueller Missbrauch so eng miteinander verbunden?

Im Jahre 2000 begann ich in Hamburg mit einem neuen Fotoprojekt. Meine Freundin Brigitte Göpel-Reinhardt arbeitete damals für Subway e.V. Der gemeinnützige Verein kümmerte sich um Drogenabhängige in der Innenstadt in Hamburg. Es waren teilweise bis zu zweihundert Klienten, die hauptsächlich Heroin oder das Ersatzmittel Methadon konsumierten und Hilfe bei Subway suchten.

Wir fotografierten in einem Verlauf von zwei Wochen fünfundzwanzig Männer und Frauen im Alter von sechzehn bis fünfundsechzig Jahren. Wir schufen ein Zuhause in dieser Zeit, viele Klient*innen kamen jeden

Tag vorbei, auch wenn wir sie nicht fotografierten. Bei einigen dauerte die Vorbereitungszeit länger, denn natürlich musste ich eine Basis des Vertrauens zu und mit meinen Modellen schaffen.

Ich fotografierte damals erst seit drei Jahren professionell, aber ich lernte einen der wichtigsten Grundsätze in diesem Beruf:

Ich kann nur jemanden fotografieren, wenn er*sie es mir erlaubt.

Viele der Klient*innen waren Opfer von häuslicher und sexualisierter Gewalt, von Missbrauch. Ich spürte es jedes Mal, wenn ich eine*n Betroffene*n vor der Kamera hatte. Genauso wie sie es spürten, dass ich selbst betroffen war und auch Erfahrungen mit Drogen gemacht hatte. Wir erkannten uns.

Es war emotional der anstrengendste Job, den ich je hatte. Aber ich lernte unglaublich viel in dieser Zeit.

Das Projekt hieß damals „Keine Zeit für Eitelkeit".

Vier Jahre später wurde die Ausstellung vom Verkehrsministerium in Berlin gefördert und der damalige Minister, Dr. Manfred Stolpe, wurde offizieller Schirmherr des Projektes, das jetzt „TRAFFIC" hieß. Traffic ist auch ein Ausdruck für Drogenhandel. Die Ausstellung wurde über die nächsten Jahre in vielen deutschen Städten, aber auch in New York, Zypern und abschließend im Roten Rathaus in Berlin gezeigt.

Mein pawlowscher Hund

Ich hatte in den neunziger Jahren bereits meine eigenen Drogenerfahrungen in New York gemacht.

In meinem autobiografischen Roman „Katharsis" ist der Fotograf Max Remark mein Alter Ego. Ich bin nicht Max, aber ich kenne ihn gut, schrieb ich damals im Nachwort.

In der Figur Max versuchte ich meine eigenen Erfahrungen mit Drogen darzustellen. Wer das Buch gelesen hat, weiß, was Drogen, besonders Kokain, für Max bedeuten. Sie waren sein Ausweg, sein „Wegdrücken", sein Schmerzmittel, seine Betäubung, um nicht an das Thema heranzugehen, das tief in ihm verschüttet war. Sein eigener sexueller Missbrauch.

In der Realität, in meinem Leben, lief es anders ab.

Ich hatte bis zu meinem zweiunddreißigsten Geburtstag nie Drogen genommen. Alkohol war nicht mein Ding, das erinnerte mich zu sehr an meinen Vater, der jeden Abend zwei bis drei Flaschen Bier getrunken hatte, am Wochenende gerne mehr.

Ich verband also eine negative Geschichte mit Alkohol. Ich war negativ konditioniert, so wie der pawlowsche Hund. Für diejenigen, die diesen Begriff nicht kennen, sei er hier kurz erklärt: Der Ausdruck bezieht sich auf ein empirisches Experiment des russischen Forschers Iwan P. Pawlow. Es geht um die klassische Konditionierung und zeigt, dass wir gewisse Reize und Signale mit etwas verbinden, das uns passieren wird/kann. Die Signale allein genügen schon, um Gefühle, Reaktionen und Reflexe auszulösen.

Zu meinem zweiunddreißigsten Geburtstag ging ich auf eine große Party in New York, ins „Roseland".

Ein Freund meinte: „So, du bist alt genug! Du nimmst jetzt mal Ecstasy."

Und ich Dummkopf gehorchte. Ich wusste nicht, was ich da in meinen Körper, in mein Hirn ließ.

Es hätte mich fast umgebracht. Nach zwei Stunden streikte mein Körper und ich hatte einen Kreislaufkollaps. Wie war das noch mit der heißen Herdplatte? Also ließ ich die Finger von Ecstasy, der Partydroge, heute auch als „Molly" bekannt. Gott sei Dank. Gras rauchen machte mich müde. Vor Spritzen hatte ich zu viel Respekt.

Und andere Drogen interessierten mich nicht.

Damals war in New York alles im Umlauf und in der Mode- und Partyszene wurde mir auch oft etwas angeboten. Ich lehnte zunächst dankend ab. Ich kokste einmal auf einer Fashionshow, aber es machte mich nur nervös.

Ich hatte Mitte der neunziger Jahre einen schweren Unfall. Besonders meinen rechten Arm hatte es erwischt. Die Knochen kamen raus, ich hatte eine Operation, Stahlplatten wurden eingesetzt und ich brauchte fast neun Monate, um wieder fit zu werden. Es war eine schwierige Zeit. Ich nahm zehn Kilo ab, war wieder ein Hungerhaken, so wie in meiner Pubertät. Ich fühlte mich schwach und unattraktiv und blieb viel zu Hause. Scham und Isolation. Dinge, die ich gut kannte.

Irgendwann schleppte mich ein Freund in eine Bar und ich traf eine Gruppe, die Kokain konsumierte. Ich folgte dem Gruppendruck, mein Selbstwertgefühl war durch den Unfall praktisch nicht mehr vorhanden. Die Droge machte etwas mit mir. Sie stimulierte mich sexuell. Ein Mann, sehr viel älter als ich, verführte mich und ich hatte hemmungslosen Sex an diesem Abend, vergaß den Arm, meinen Körper, meine Komplexe, meinen Missbrauch, alles. Am nächsten Tag ein leichter Hangover, das war's. Eine Nase hatte gereicht.

Der Anfang vom Ende.

Ich hatte die Box der Pandora geöffnet. Endlich konnte ich mich fallen lassen, meine sexuellen Fantasien ausleben, glaubte, ich hätte eine Connection zu den zahlreichen Sexkontakten, die dann folgten.

Doch ich war mit der Droge vereint, nicht mit demjenigen, der neben mir im Bett lag. Ich war nicht ich, sondern ein durch die Droge veränderter Michael. Ich glaubte aber, ein freierer Mann zu sein, was Sexualität betrifft. Weit gefehlt!

Das Ganze verselbstständigte sich und irgendwann ging es nicht mehr um die Schlittenfahrt am Wochenende in einem Klub, sondern nur noch um den Konsum der Droge. Warum in aller Welt machte ich das bloß? Ich fragte meine Therapeutin, ich sprach mit Freund*innen, denen ich vertraute. Ich bekam keine Antwort. Ich verließ kurzzeitig New York. Wenn ich nicht wusste, wo es Drogen gab, woher ich sie bekommen konnte, war ich frei. Ich suchte sie nicht, ich war froh, wenn sie außer Reichweite waren.

Denn sie waren wie eine Fessel, wie etwas aus meiner Vergangenheit, das ich kannte. Missbrauch. Nur jetzt missbrauchte mich nicht eine Frau, sondern ich mich selbst. Auch diese Erkenntnis kam nicht von heute auf morgen.

Wie lösen wir also dieses Problem und wo liegt der pawlowsche Hund begraben?

Wenn wir herausfinden, warum wir Drogen konsumieren, was wir damit verbinden und wo der Ursprung liegt, dann können wir etwas tun und uns gegen die Droge entscheiden.

Das ist der erste Schritt. Nicht in der Passivität und Unwissenheit stecken bleiben. Den Moment der Konditionierung erkennen und dann emotional zu begreifen.

Bei mir verband sich ein bekanntes Muster von Scham und Isolation mit einem vermeintlichen Türöffner, der Droge, beim Sex. Und da passierte genau das, was zwanzig Jahre später mit Lukas geschah. Die Ebenen legten sich übereinander.

Die Droge erlaubte mir, sexuell vermeintlich freier zu sein, weil der Sex verbunden mit der ebenfalls vermeintlichen Liebe einer Vaterfigur stattfand. Natürlich war diese sexuelle Freiheit nur eine temporäre Illusion, gefördert durch den Kick, den Kokain meinem Hirn gab und die Endorphine freisetzte. Ich betäubte einen Teil in mir. Ohne die Droge hätte es diesen Moment der scheinbaren sexuellen Intimität mit der Ersatzvaterfigur wahrscheinlich nicht gegeben.

Wichtig ist es, das Muster zu erkennen. Wenn Drogen und Sucht ein Problem für dich sind, solltest du dich zunächst einmal fragen: Wann hat es da wirklich zum ersten Mal klick gemacht?

Natürlich machen Drogen körperlich abhängig. Heroinentzug ist der reinste Horror, wie mir Betroffene erzählten. Kokain ist nach einer Woche aus dem Körper, aber der Geist hinkt ziemlich hinterher beim Entzug. Chrystal Meth, eine andere, weltweit verheerende Droge, zerstört schnell, sexualisiert extrem und macht sofort abhängig. Alles andere wird egal, nur die Droge zählt.

Also haben wir zwei Probleme. Einmal die Tatsache, dass dein Körper abhängig ist. Das betrifft biochemische Prozesse, die aber in Rehabilitation und durch einen Entzug zu lösen sind.

Und dann gibt es die Abhängigkeit in deinem Kopf. Und die war, in meinem Fall, viel schlimmer, weil ich sie nicht verstand. Weil sie mit Prozessen, die im Unterbewusstsein ablaufen und sich mit anderen Ereignissen in deiner/unserer Vergangenheit überlagern, verbunden ist. Das Gehirn hat dann Schwierigkeiten, die unterschiedlichen Emotionen auseinanderzuhalten. Soldaten mit posttraumatischem Stresssyndrom sind davon sehr oft betroffen. Allein in den USA begehen bis zu sechstausend Soldaten jährlich Selbstmord, weil sie diesen Stress nicht mehr ertragen können. Ich glaubte wirklich jedes Mal wenn ich konsumierte, dass ich die Droge, sprich die negativen Folgen, besiegen könnte. Ich war wie Sisyphos, rollte den Fels den Berg hinauf und erreichte nie mein Ziel. Ich wollte mich und meinen Konsum „besiegen", ich wollte die Kontrolle über einen Missbrauch, den ich selbst an mir verursachte. Und wiederholte ihn somit, musste mich aber jedes Mal „geschlagen" geben. Ein Muster, das ich gut kannte. Der Drogenkonsum verstärkte zudem nur die Projektion auf mein Gegenüber, das nichts mehr mit dem Menschen zu tun hatte, der vor mir stand. Ich war, verstärkt durch die Droge, gefangen in meiner eigenen Vergangenheit und merkte es zunächst nicht einmal.

Natürlich war mir irgendwann bewusst, dass ich ein Problem hatte. Ich hatte kein durch einen Krieg ausgelöstes PTSB.

Ich war ein „funktionierender User", das heißt, ich konsumierte nur in der Freizeit, nie, wenn ich arbeiten musste, hatte also „alles unter Kontrolle". Es war mein (vermeintliches) Privatvergnügen. Ich habe nie einen Entzug gemacht. Ich hörte einfach auf, indem ich New York verließ. Damals dachte ich wirklich, so das Problem zu lösen. Was blieb, waren natürlich der Suchtdruck und die Anziehung der Droge. Der pawlowsche Hund in mir bellte weiter, auch wenn er im Experiment nur sabberte.

Tapetenwechsel allein hilft also nichts. Genauso wenig wie ein Ortswechsel als Erwachsene*r, wenn du versuchst, deinem Trauma, deinem Missbrauch zu entfliehen. Räumliche Distanz kann hilfreich sein, erklärt und löst aber nichts.

Auch ich erkannte dann, dass ich mich nicht länger belügen konnte.

Die Droge hatte nichts mit Spaß beim Sex zu tun.

Die Droge war kein Türöffner.

Die Droge war eine Fortsetzung meines Missbrauchs!

Diese Erkenntnis kam mir nicht über Nacht, jeder psychische Prozess dauert lange. Aber je mehr ich nach einer Lösung suchte, desto klarer wurde mir, dass ich mich nicht länger belügen konnte, meinen Gebrauch von Kokain nicht länger schönreden konnte.

Ich suchte im Konsum zunächst nach etwas, das es nicht gab. Diesen ersten Moment, den ich vor Jahren in New York erlebt hatte, der aber nichts mit der Realität zu tun hatte, denn die sah anders aus. Ich lief einem falschen Bild, einer Illusion hinterher und setzte eindeutig meinen Missbrauch fort, da ich mich selbst nötigte und unter Druck setzte. Das klingt paradox und selbstzerstörerisch und das ist es auch. Ganz klar. Es waren Verhaltensweisen, die ich kannte und von denen ich unbewusst glaubte, mich nicht lösen zu können, mich nicht dagegen wehren zu können. Genau wie in meiner Kindheit.

Und in meinen ganz persönlichen Fall sexualisierte ich auch den Missbrauch, den ich als Kind erfahren hatte. Ich ließ mich von anderen missbrauchen, auch als junger Erwachsener. Dann bestrafte ich mich durch Verletzungen. Und als ich mit diesen Praktiken aufhörte, fing ich an, mich mit Drogen zu missbrauchen. So tief waren die alten (unbewussten) Muster und Glaubensgrundsätze in mir verankert.

Warum bestrafen wir uns selbst? Das klingt nach Selbstzerstörung.

Und genau das ist es. Es ist ein selbstzerstörerischer Akt, den du an dir begehst, so wie der Missbrauch, der an dir begangen wurde. Du setzt etwas fort, das du kennst. Ein irrationaler, kontraproduktiver Prozess, den wir oft nicht bemerken.

> Die Erinnerungen, der Druck, die Sucht leben weiter in uns, so lange bis wir:
> A: Die Ursache und den Moment gefunden haben, in dem wir uns mit der Droge verbanden (Auslöser/Trigger) und uns
> B: dem Problem stellen, das heißt anzuerkennen, dass wir ein Suchtproblem haben.
> Deswegen ist es so wichtig zu erkennen, wann du Drogen nimmst und was sie dir bedeuten.
> Mit wem.

Was sie in dir auslösen.
Und was das mit deinem Missbrauch zu tun hat.
Sucht und Drogenmissbrauch hat auch immer etwas mit der Flucht vor der Konfrontation mit deiner Geschichte zu tun.
Wann benutzt du Drogen und oder Alkohol, unter welchen Umständen?
Warum drückst du dich weg, warum glaubst du, nicht gut genug zu sein, wenn du nicht konsumierst?
Warum ergibst du dich dem Drogenkonsum, denkst, du kannst nicht ohne? Oder gestehst dir nicht ein, süchtig zu sein.
Warum nimmst, schluckst, rauchst oder spritzt du dir eine Substanz in den Körper, die dich kurzzeitig verändert, aber keine Lösung, keine Veränderung bietet?
Denn eine Veränderung kann nur aus dir selbst kommen.
Du hast die Wahl!
Du kannst dich aus diesem „Sucht-Druck" befreien. Und von der Sucht.
Ich kann dir wirklich die Angebote von AA empfehlen. Egal ob AA, DA (Drogen) CMA (Chrystal Meth) oder andere Gruppierungen, es geht immer um Drogenabhängigkeit und wie man sich von ihr lösen kann. Es geht in den Meetings darum, dass du spürst, du bist nicht alleine, du bist nicht schuldig, es geht vielen so.

Ich selbst war oft überrascht, wie viele Überlebende bei den Gruppentreffen von AA anwesend waren, an denen ich teilnahm. Und wie emotional befreiend es ist, einfach nur teilzunehmen, zuzuhören und wahrzunehmen. Ich habe viel in diesen Meetings von anderen gelernt. Durch ihre Offenheit und Ehrlichkeit. Durch die emotionale Verbundenheit in der Gruppe.

Ich habe am Anfang dieses Buches versprochen, ehrlich zu sein.

Ehrlichkeit bedeutet auch, verwundbar zu sein. Verwundbarkeit ist durchaus etwas Positives, denn du verbindest dich mit dir, deinem Schmerz, deinen Gefühlen und kannst sie mitteilen. Scham und die daraus entstehende Isolation deiner selbst sollten ab jetzt nicht

mehr die Faktoren sein, die dein Leben und deine Handlungen bestimmen.
Entscheide dich für Ehrlichkeit dir selbst und anderen gegenüber, für Offenheit und Kommunikation.

Viele User*innen glauben, solange sie arbeiten, funktionieren und Geld verdienen, haben sie kein Problem. Glauben, Drogen nur um sich „mal zu entspannen" zu nutzen, sich und die Droge kontrollieren zu können. Sie belügen sich selbst.

Ich hatte lange Zeit ein großes Problem, mir einzugestehen, dass ich immer wieder Suchtdruck hatte. So wie ein trockener Alkoholiker. Bei mir fing der Speichelfluss wie beim pawlowschen Hund an, wenn ich wusste, dass Drogen in der Nähe waren.

Die wahre Befreiung kam für mich erst mit der Erkenntnis, was unter der Konditionierung lag.

Und als ich erkannte, dass ich die Wahl habe.

Ich muss nicht sofort auf den Suchtdruck reagieren. Ich bemerke ihn, höre ihn, respektiere ihn. Und habe dann die Möglichkeit, mich gegen ihn zu entscheiden, weil ich genau weiß, was am nächsten Tag passieren wird. Und dass der Rausch eine Verblendung und ein Wegdrücken des eigentlichen Problems ist.

Dazu kommt die Tatsache, dass ich mich selbst belüge und missbrauche, wenn ich auf die erste Phase des Drucks reagieren würde. Und dass die vermeintliche Erfüllung nichts mit mir zu tun hat.

Ich empfinde mich am besten, wenn ich bei vollem Bewusstsein bin. Nicht benebelt oder gefiltert. Und ich weiß, dass ich dann ehrlich mit mir und anderen bin, mein volles Potenzial spüre und authentisch leben kann.

Was ist mit dir, dem*der Sekundärbetroffenen, wenn du es mit Überlebenden zu tun hast, die Drogen konsumieren?

Du kannst jemanden nicht ändern oder von Drogen entziehen. Das geht auch mit viel Liebe nicht, oder Verständnis.

Gerade wenn du ein traumarisiertes Kind hast, das im Jugendalter Drogen ausprobiert oder bereits Langzeitkonsument*in ist, musst du begreifen, dass es keinen einfachen Entzug gibt. Professionelle Hilfe wie zum Beispiel Therapie und ein Entzug unter ärztlicher Aufsicht ist bei dem Konsum von harten Drogen wichtig und nötig. Aber du kannst unterstützen, da sein, nicht bewerten.

Werde nicht co-abhängig, das passiert leider vielen, die eine*n User*in/ Abhängige*n „unbewusst“ unterstützen.

Wenn du ein Kind hast, schau genau hin, warum es eventuell im jugendlichen Alter konsumiert. Und greif dann bestimmt und leitend als Erziehungsberechtigte*r ein! Biete Hilfe an (Gruppe oder Therapie).

Verständnis und Liebe sind elementar wichtig. Und dies sollten die Grundmauern deines emotionalen Gerüsts in der Kommunikation mit jemanden sein, der*die missbraucht wurde und als Folgeerscheinung Drogen konsumiert.

6. DU DARFST (DICH) SELBST BESTIMMEN

Rein rational wirst du vieles verstanden haben. Das ganze aber auch auf der Gefühlsebene an sich heranzulassen, ist noch einmal etwas anderes. Du wirst von deinen emotionalen Reaktionen vielleicht selbst überrascht sein. Jede*r reagiert anders auf das Gelesene. Es hängt auch davon ab, welche Erkenntnisse du als Überlebende*r oder Sekundärbetroffene*r bisher gewonnen hast. Setz dich nicht unter Druck, du musst hier gar nichts, aber du darfst, wenn du möchtest und wenn du bereit bist.

Es wird auch einige geben, die das Ganze vielleicht (im Moment noch) überfordert. Auch das ist verständlich und normal.

Vielleicht sind neue Ideen und Denkanstöße in diesem Buch dabei, über die du noch nicht nachgedacht hast.

> Du kannst jetzt deine Perspektive ändern, denn darum geht es bei dieser Lektüre.
>
> Neue Ideen, Veränderung der alten Macht- und Verhaltensstrukturen in dir, gewohnte Bahnen verlassen.
>
> Das erscheint vielleicht im ersten Moment bedrohlich, aber das ist es nicht.
>
> Es ist nur neu, bewerte es nicht von Anfang an mit bekannten Mustern, dann tappst du gleich wieder in die üblichen Fallen und limitierst dich und deine Entwicklung.
>
> Bewerte erst mal gar nichts, vor allen Dingen nicht dich selbst! Verurteile und bewerte nicht, was du in der Vergangenheit alles „falschgemacht" hast. Wichtiger ist hinzuschauen, warum du so gehandelt hast, und ob das wirklich gut für dich war.
>
> Ob du es heute genauso machen würdest. Ob du da etwas ändern möchtest.

Ein Freund von mir, selbst Überlebender, sagte mir neulich: „Ich verhalte mich sexuell oft noch so wie ein Kind. Wie furchtbar ist das denn."

Diese Aussage beinhaltet zwei wichtige Aspekte.

Erstens, dass sein Verhalten auf sexuellem Gebiet seit Jahrzehnten durch den Missbrauch geprägt ist. Das zeigt uns, wie viel Macht wir, auch wenn wir erwachsen sind, dem Missbrauch und auch eventuell dem*der Täter*in geben.

Zweitens die Aussage: „Wie furchtbar ist das denn." Diese Aussage impliziert Kritik am eigenen Verhalten.

Die Haltung meines Freundes ist bedingt durch den Missbrauch und durch das Festhalten an alten Strukturen und Mechanismen.

Ich bin abhängig, ich bin machtlos, ich kann mich nicht ändern, ich bin schwach, ich schäme mich.

Er wiederholt seinen eigenen Missbrauch immer wieder in dem vermeintlichen Glauben, dass das der einzige Weg für ihn ist, Sexualität (er) leben zu können.

Und genau in dieser Erkenntnis liegt die Möglichkeit zur Veränderung.

Wenn du weißt, was mit dir passiert ist und welche Auswirkungen es über lange Zeit auf dein Leben und dein (sexuelles) Verhalten hatte, dann versuche herauszufinden, warum du weiterhin den alten Mustern folgst.
Du kannst sie jetzt ändern.
Welchen Zwängen unterwirfst du dich, wenn es um Sexualität geht? Schau genau hin, sei ehrlich mit dir selbst. Wiederholung des Missbrauchs in veränderter Form ist ein bekanntes Verhaltensmuster von Überlebenden.
Wenn man als Überlebende*r in frühester Kindheit von uns ungewollte Sexualität mit Übergriff, Gewalt, ausgeliefert sein und eventuell Todesdrohungen erfahren hat, dann erschwert es ein entspanntes, selbstbestimmtes Verhältnis zur Sexualität und Erotik. Andererseits besteht die Möglichkeit, dass wir diese Erfahrungen sexualisieren und weiterführen.

Vermeidung

Vielleicht sind dir bestimmte Ideen und Gedanken, die ich anspreche, unangenehm und du spürst einen Widerstand in dir. Du willst nicht darüber nachdenken. Vielleicht sind auch Momente und Bilder in deinem Kopf wieder aufgetaucht, an die du dich lange nicht erinnern konntest. Gefühle kommen hoch. Abwehr, Wut, eine Unsicherheit, wie du jetzt damit umgehen sollst. Vielleicht möchtest du das Buch in die Ecke schmeißen. Nicht weiterlesen. Eine Müdigkeit macht sich breit, oder du möchtest eher den

Staubsauger in die Hand nehmen, einen trinken gehen, dich wegschießen oder den Abwasch machen.

Alles, nur jetzt nicht weitergehen, weiterlesen.

Man nennt es ganz einfach Vermeidung. Menschlich, verständlich, es passiert. Die emotionale Auseinandersetzung mit diesem Thema ist extrem anstrengend. Sie erfordert viel Kraft. Du wirst viel Ruhe, Zeit und Pausen brauchen.

Am besten erst einmal durchatmen und dann deine Wahl treffen, die nicht von alten Zwängen und Verboten bestimmt ist. Vielleicht hast du depressive Gedanken, dass all das, was du erlebt hast, nie aufhören wird, in dir zu wüten. Dass du nie frei von der Vergangenheit und deinen traumatischen Erlebnissen sein wirst.

Oder du bist ein*e Sekundärbetroffene*r, jemand, der verstehen und helfen möchte, aber du musst das Gelesene erst einmal verdauen. Viele neue Informationen, die du kognitiv und vor allen Dingen emotional verarbeiten musst.

All das sind verständliche und normale Reaktionen auf das, was du gerade erlebst. Auf dem Weg der Verarbeitung deines Traumas, allem, was dir an sexualisierter Gewalt angetan wurde. Diese emotionale Anstrengung gilt auch für Sekundärbetroffene.

Bleib bei dir und beobachte deine Reaktionen ganz genau. Jetzt sollten wir vor allem ehrlich mit uns selbst bleiben.

Wir finden oft eine Ausrede oder Erklärung für Vermeidung. Deswegen ist es so wichtig zu erkennen, welchen Stimmen in deinem Kopf du Glauben schenken kannst. Zu erkennen, wie wir von außen und auch von innen, von uns selbst manipuliert werden.

Du beschäftigst dich mit einem Thema, das nicht umsonst ein Tabuthema genannt wird. Seitdem du den sexuellen Missbrauch, den sexuellen Übergriff erfahren hast, ist das Thema vermutlich meist von Schweigen umgeben gewesen. Von außen konntest du lange keine Hilfe erwarten, das ändert sich in den letzten Jahren langsam, besonders bedingt durch die „Me Too"-Debatte.

Ich habe bereits erwähnt, dass leider die institutionalisierte Kirche und die Politik bzw. Gesetzeslage der Enttabuisierung kontraproduktiv und/oder gleichgültig gegenüberstehen. Die Kirche zahlte bisher drei Milliarden Euro Entschädigung an die weiblichen und männlichen Überlebenden des sexuellen Missbrauchs, der von Priestern und (wahrscheinlich) auch von Nonnen (Tabu im Tabu im Tabu!) begangen wurde.

Drei Milliarden Euro.

Diese gewaltige Summe hätte man besser für Prävention und Schutz ausgeben können. Aber die katholische Kirche verheimlicht die zahlreichen Fälle, schützt die Täter*innen und arbeitet kaum aufklärend oder präventiv. Und wenn, dann nur unter dem Druck der Öffentlichkeit. Priester werden nicht zur Rechenschaft gezogen oder in Therapie geschickt. Sie wurden bisher meistens nur versetzt und selten vor Gericht gebracht. Nonnen werden erst gar nicht genauer angeschaut.

Die Gesetzeslage, die Politik in den westlichen Ländern reagiert zu langsam und zu verhalten.

Missbrauch war in Deutschland bis 2021 ein Vergehen, kein Verbrechen. Ein sogenannter „Kavaliersdelikt". Unbegreiflich!

Viele Gerichtsurteile wurden immer wieder auf Bewährung ausgesprochen. Missbrauch verjährt noch immer nach zwanzig Jahren. Dazu sei an dieser Stelle gesagt, dass die Verjährung immer noch total komplex ist.

Mehr dazu auf folgender Website:

www.gegenmissbrauch.de/spezielle_informationen/rechtliches/Verjährung.

Andere Verbrechen wie Steuerhinterziehung und Mord verjähren nicht. Es muss an dieser Stelle ganz klar gesagt werden, dass Missbrauch für die Betroffenen nicht verjähren kann. Die Folgen des sexuellen Missbrauchs sind ein Lebensthema und begleiten die Betroffenen, prägen sie und ihre Entscheidungen.

Auch andere Instanzen und religiöse Gruppen widmen sich dem Thema selten.

Egal welcher Minderheit oder „Randgruppe" du angehörst: Du wirst, gerade in reaktionären oder konservativen Gruppen und Lebensarten, wenig Gehör finden, da dort Worte wie Feminismus, Homosexualität, sexueller Missbrauch völlig ignoriert oder nicht diskutiert werden.

Welche Auswirkungen sexueller Missbrauch auf die ganze Gesellschaft hat, wird leider auch bis heute kaum benannt.

In jeder Schulklasse in Deutschland sitzen statistisch gesehen zwei Kinder, die sexuell missbraucht werden. Jeder dreißigste Deutsche ist in irgendeiner Form (direkt oder indirekt) mit dem Thema in Berührung gekommen. Die Kreise, die Missbrauch zieht, werden oft nicht beachtet. Es geht nicht nur um Familien, Schulen, Sport- und andere Vereine. Wenn so viele Menschen missbraucht werden und ihr (sexuelles)Verhalten auf Missbrauchsstrukturen und einem negativem Selbstbild, Passivität oder permanenter unterschwelliger Aggression basiert, haben wir es mit einem enormen Problem zu tun. Auch das wird bisher nicht genug oder weitreichend genug thematisiert.

Flucht, Erstarrung oder Kampf

Bist du wütend oder traurig, so ist das eine ganz normale Reaktion.

Druck auf dich selbst auszuüben wäre eine normale, weil für dich bekannte Reaktion, aber in keiner Weise gut für dich.

Gib nicht die eigene Verantwortung in diesen Momenten auf, indem du mit alten Verhaltensweisen reagierst und denkst:

Das bringt alles nichts. Wozu das Ganze? Ich kenne meine eigene Hölle. Da kenn ich mich zumindest aus. Ich komm hier nicht raus. Doch!

Du kannst da rauskommen.

Du wirst da rauskommen.

Vergiss nicht, dass Gefühle und Erfahrungen in unserem Körper gespeichert sind und bekannte Muster und Reaktionen abrufen. Peter Levin hat das als somatische Erfahrung (somatic experience) bezeichnet. Auf traumatische Stresssituationen gibt es immer drei unterschiedliche Möglichkeiten zu reagieren: Flucht. Erstarrung. Oder Kampf. Wofür wirst du dich jetzt bewusst entscheiden?

Du wirst dich bei dieser Lektüre natürlich an viele traumatische Ereignisse erinnern. Bist du jetzt alleine damit, oder hast du jemanden, dem du vertraust und mit dem du dich austauschen kannst? Eine*n Freund*in, ein Familienmitglied, eine*n Therapeut*in?

> Behalte das Erfahrene nicht in dir, kommuniziere deine Gefühle. Und wenn in diesem Moment niemand an deiner Seite ist, schreibe auf, was du empfindest. Auch das hilft.
> Wie reagierst du auf das bisher Gelesene? Erstarrst du innerlich, weil es dich überfordert? Und verdrängst somit weiterhin die Wahrheit, die du trotz allen Widerstands in dir spürst?
> Oder wirst du kämpfen, wirst du dich weiterhin bewusst und konstruktiv mit dir und deiner Geschichte auseinandersetzen?
> Beobachte also genau deine erste Reaktion. Sie ist wichtig, denn sie zeigt dir ein bekanntes Verhaltensmuster, das du gegebenenfalls jetzt ändern kannst, da es dir bewusst wird.

All das, was du bisher gelesen und gelernt hast, ist bereits in deinem Bewusstsein und kann dir dabei helfen, neue, konstruktive Entscheidungen zu treffen, die produktiv und gut für dich sein werden. Wenn deine erste Reaktion nicht gut für dich ist, dann hast du die Freiheit, eine

Entscheidung zu treffen, die gut für dich ist. Sie muss nicht unbedingt gut für deine Umgebung sein. Aber dein Umfeld muss sich an Veränderungen gewöhnen, denn du wirst nicht so bleiben, wie du warst.

Du wirst dich nicht mehr manipulieren oder fremdbestimmen lassen.

Es funktioniert so ähnlich wie bei einem Suchtdruck. Der erste Impuls ist die bekannte, getriggerte Reaktion, auf die du wie der pawlowsche Hund konditioniert bist. Dieser solltest du nicht mehr folgen, sondern kannst konstruktive Alternativen für dich finden und einsetzen.

Du brauchst keine Angst haben. Du bist stärker als du vermutest. Wenn ich diesen Weg gehen konnte, dann kannst du das auch. Vertraue deiner Stärke! Du bist bis hierher gekommen, du hast alles überlebt.

Du hast die Kraft und den Willen. Du hast dieses Buch immer noch in der Hand.

Ich bin überzeugt davon, dass wir alle diese Kraft besitzen. Jede*r einzelne von uns. Wir müssen allerdings lernen, sie zu erkennen. Und uns dann entscheiden, sie zu fühlen und sie einzusetzen.

Du wirst nicht stecken bleiben. Vielleicht für einen Moment stehen bleiben, aber das ist gut, denn dann gibst du dir für diesen Moment Raum und Zeit, um das Erfahrene einzuordnen und kannst von da aus weiter machen.

Du hast jetzt und hier die Möglichkeit, dich zu ändern.
Es gibt ganz einfache, tiefe Wahrheiten. Dazu gehört auch: "Be here now". Sei im Hier und Jetzt.
Und mach dir diesen Moment wirklich bewusst. Auch wenn er sich vielleicht nicht gut anfühlt.
Du bist genau richtig, in diesem Moment, zu diesem Zeitpunkt.
Jetzt, heute, hier kannst du deine Denkweise, deine Einstellung und somit auch dein Verhalten ändern.
Und dann kann die bewusste Verarbeitung des Erlebten entstehen.
Löse dich aus der Erstarrung, werde von dem*der Flüchtenden zum*zur Kämpfer*in. Ein*e Kämpfer*in ist aktiv und setzt sich für seine*ihre Belange ein. Nimm dir Zeit, damit der*die Kämpfer*in dir in seine*ihre Macht Schritt für Schritt voll entfalten kann.

Ich habe nach Lukas noch ein paar Mal ähnliche Erfahrungen in Beziehungen gemacht und bin in alte Fallen getappt. Nicht nur in Liebesbeziehungen, auch in neuen Freundschaften. Aber ich habe das Prinzip relativ schnell erkannt. Es dauerte nicht mehr Monate. Die Erkenntnis kam am Anfang nach ein paar Tagen und inzwischen kann ich oft schon nach einem Gespräch mit jemand anderem erkennen, ob dieser Mensch gut für mich ist oder nicht. Ob ich wieder auf ein altes Muster reagiere.

In alten amerikanischen Serien hatten die Polizisten noch eine Sirene, ein rotes Warnlicht im Auto, das an einem Kabel befestigt war und das sie bei Alarm auf dem Wagendach platzierten. Und diese Sirene, dieses Bild des Warnlichts geht bei mir an, wenn ich im Inneren spüre, dass ein Mensch, eine Situation nicht gut für mich ist, ich in alte Muster verfalle oder Eigenverantwortung abgebe und Selbsterkenntnis aufgebe.

Psychische Vampire

Es gibt viele Menschen, die zu sehr auf sich bezogen sind, und ich meine hier nicht den sehr verbreiteten Narzissmus, dessen Nährboden die sozialen Medien sind. Ich rede vom „psychischen Vampir". Diesen Begriff hörte ich das erste Mal mit Mitte dreißig. Ich erwähne das an dieser Stelle, um dir zu verdeutlichen, wie lange ein Erkenntnis- und Heilungsprozess dauern kann.

Psychische Vampire sind Menschen, die dich emotional benutzen und „aussaugen" und nur Bestätigung von dir wollen. Die nur eines von dir brauchen: Aufmerksamkeit. Die keinen Austausch wollen, keinen Rat, keine Freundschaft.

Psychische Vampire sind nicht immer leicht zu erkennen. Sie lullen dich ein, sie spinnen ihr Netz, wiegen dich vielleicht in einer falschen Sicherheit. Sie sind oft auch unter den Täter*innen zu finden, genau wie Soziopath*innen, die keinerlei Empathie mit ihren „Opfern" haben (können). Auch diese gilt es zu erkennen.

Du musst deinen Freund*innen nicht nach dem Mund reden, du musst nicht immer zustimmen. Du musst dich nicht in Beziehungen und Freundschaften unterordnen, aus Angst, nicht mehr geliebt zu werden. Ein*e wahre*r Freund*in wird das aushalten können, deine Kritik hören, deine Situation sehen, deine Sichtweise akzeptieren können. Es wird vielleicht Krach geben, aber ein*e wahre*r Freund*in bleibt. Das gilt an dieser Stelle auch besonders für Sekundärbetroffene.

Wenn du dich entschließt, dich mit einem*einer Überlebenden von sexuellem Missbrauch auseinander zu setzen, ihn*sie auf seinem*ihrem Weg begleitest, dann solltest du wissen, dass dieser Mensch natürlich bedürftig ist. Denn er*sie war lange in der Isolation gefangen. Egal ob es sich um ein Kind oder eine*n Erwachsene*n handelt.

Wenn du ein*e Verwandte*r, ein*e Freund*in eines*einer erwachsenen Überlebenden bist, hast du es mit einem komplexeren Fall zu tun.

Wie lange hat der*die Überlebende geschwiegen, wie sah der Missbrauch aus, wie lange hielt er an? Wer war der*die Täter*in? Du wirst nicht heilen können, aber du kannst unterstützen, helfen, mitgehen, mittragen.

Du bist nicht für den*die Überlebende*n verantwortlich. Dieses falsch empfundene Gefühl von Verantwortung kann zur Falle werden, zur Überforderung, zu einem Druck, dem du nicht standhalten kannst. Freundschaft oder Liebe ersetzt keine Therapie und nicht die eigene Arbeit des*der Überlebenden. Sie ist bestimmt wichtig und eine große Hilfe für jede*n Überlebende*n. Aber auch unter ihnen kann es psychische Vampire geben, wenn man nicht aufpasst, da der eigene Missbrauch einen über die Jahre regelrecht auffrisst und die eigene Bedürftigkeit überbordend wird.

Sowohl der*die Betroffene als auch der*die Sekundärbetroffene muss immer die Möglichkeit in der Beziehung haben, ehrlich mit sich selbst und dem*der anderen zu sein. Stopp sagen zu können, wenn es vielleicht zu viel wird. Es bedeutet nicht, dass man die Freundschaft oder die Beziehung in Frage stellen muss, sondern dem*der anderen und sich Raum geben sollte, um das miteinander Gelebte und Erfahrene zu verarbeiten.

Der innere Saboteur

Achte darauf, wenn dein „innerer Saboteur“ die Oberhand gewinnen will.

Der innere Saboteur versucht dir immer wieder einzureden, dass du etwas nicht kannst, nicht gut genug bist, da nie raus kommst.

Er ist aber nur so mächtig, wie du es ihm erlaubst. Du musst ihm keine Macht mehr geben, denn er ist letzten Endes nur eine negative innere Stimme, die nichts Gutes für dich will. Sie will dich nur kontrollieren, dich daran hindern, das, was du bisher gelernt hast, umzusetzen. Der innere Saboteur ist eine Vereinigung aller negativen verinnerlichten Stimmen deiner Vergangenheit (und deiner Gegenwart) und er kann ständig wachsen, wenn du weiterhin Eigenverantwortung abgibst und Fremdbestimmung zulässt.

Falls du noch nie etwas von diesem inneren Saboteur gehört hast: Jetzt kannst du diesem Prozess, den du sicher kennst, einen Namen geben. Ab jetzt kannst du ihn erkennen. Er versucht dir zu suggerieren, dass es deine und nicht seine Stimme ist, die da spricht. Aber das stimmt nicht. Der innere Saboteur ist nur eine internalisierte Stimme, die Gebote und Bestimmungen weitergibt, die irgendwann einmal von außen auf dich übertragen wurden. Du hast ab jetzt die Möglichkeit, dich gegen das von ihm Gesagte zu entscheiden. Du wirst schnell herausfinden, ob dein innerer Saboteur mit dir spricht, denn er ist einschränkend, negativ, übergreifend, absolut. Er redet dir ein schlechtes Gewissen, Unfähigkeit und Versagen ein. Er will die Kontrolle behalten.

So wie einst der*die Täter*in.

Gib ihm*ihr keine Macht mehr.

Im Grunde bist du jetzt und hier, in diesem Moment, an einem ganz wunderbaren und heilsamen Abschnitt auf deinem Weg angekommen. Du kannst erkennen, dass du die Fäden in der Hand hast, dass du, und nur du, entscheiden kannst und wirst, wie es weitergeht. Du kannst ab jetzt den Saboteur kontrollieren. Und das fängt damit an, dass du die Verantwortung für dich übernimmst, deine verletzte Seele, dein verletztes inneres Kind an die Hand nimmst.

Vielleicht nicht von heute auf morgen, aber mit der Zeit wirst du das können und auch tun. Es ist ein Lernprozess.

Du darfst deine Mechanismen und Strukturen durchschauen, dich auf Vorschläge einlassen und Neues ausprobieren.

Auch ich kenne meinen inneren Saboteur nur zu gut, wir kennen uns über ein halbes Jahrhundert, er wurde mir sehr früh in mein kindliches Gehirn eingepflanzt. Er ist geschickt und kommt oft in Verkleidung von vermeintlich gut gemeinten Ratschlägen. Aber natürlich geht es letztendlich immer wieder um Schuldzuweisung und Fremdbestimmung. Und das sind zwei Dinge, die ich nicht mehr in meinem Leben akzeptiere.

Du darfst selbst bestimmen, wie es weitergeht. Du! Niemand anders.

Auch das ist eine einfache Wahrheit, der du vielleicht bisher nicht immer getraut hast. Und das hat nicht unbedingt etwas mit dir zu tun, sondern mit der Welt, in der du lebst, den äußeren Bedingungen.

Womit wir bei einem weiteren wichtigen Punkt sind: deinem Berufsleben.

Musterübertragung ins Berufsleben

Auch in deinem Beruf solltest du ab jetzt darauf achten, wie du dich behandeln lässt. Und wie du handelst. Was ist deine Motivation, was ist dein Katalysator?

Hast du eine*n Chef*in, der*die dich nicht respektiert?

Bist du in einer beruflichen Position, in der du dich nicht gesehen oder dich unterfordert fühlst?

Zeigst du in deinem Job wirklich, was du kannst und kommunizierst deine Fähigkeiten auch mit deinen Mitarbeiter*innen und/oder Vorgesetzten?

Lässt du dich schlecht behandeln, weil du tief im Inneren noch der Meinung bist, nicht gut genug zu sein, es nicht besser zu „verdienen"?

Auch im Job schleichen sich häufig die alten Muster ein. Dazu gehört die Sprache und wie du mit ihr umgehst.

Sei besonders aufmerksam, wie du mit dir selbst redest.

Setze Sprache positiv ein.

Innere Kommunikation findet bei allen statt. Schimpfst du mit dir und gebrauchst negative Ausdrücke? („Typisch", „War klar, dass das jetzt wieder schiefgeht", „Ich mache immer alles falsch")

Du machst nicht „immer" „alles" falsch und es ist auch nicht klar, dass es jetzt „wieder schiefgeht".

Wer sagt das? Woher kommt diese internalisierte Stimme? Kennst du diesen Sprachgebrauch aus deiner Kindheit? Hat das jemand zu dir gesagt, der*die Macht hatte und dich bewusst klein hielt?

Limitierst du dein (kreatives) Potenzial in deinem Job durch solche Aussagen?

Durch diesen Sprachgebrauch suggerierst du deinem Unterbewusstsein jedes Mal eine negative Haltung dir selbst gegenüber. Und wenn das jeden Tag vorkommt, schränkst du dich und dein kreatives Potenzial in deinem Beruf ein.

Oder auch in deinem Privatleben, in deinen Hobbys.

Die Neun Gebote sind als Erlaubnis gedacht. Du musst nicht, du sollst nicht, dir wird nichts verboten. Du darfst!

Achte in den nächsten Tagen besonders darauf, wie du mit dir selbst redest. Und natürlich auch mit anderen.

Und wie deine Reaktion darauf sein wird. Mach dir bewusst, was gut an deinem Leben ist, und ändere die negativen Aspekte, indem du dir Veränderung zugestehst.

Wenn dein Job eine ausführende Tätigkeit in einer Vierzigstundenwoche ist, was vollkommen okay ist, wo bleiben deine Kreativität, dein Hobby, deine Interessen? Traust du dich nicht, sie (aus)zuleben, weil der Job, die Verantwortung, deine Familie die Oberhand gewinnt und du denkst, dass du keine Zeit hast? Zeit für dich.

Oder gibst du allen und allem anderen den Vorrang, weil du dir selbst keinen Raum geben kannst? Weil du denkst, es nicht zu verdienen? Weil du es nicht wert bist. Nicht gut genug bist. Ein bekanntes Muster bei Überlebenden.

Ich achte besonders darauf, wenn in mir eine innere Stimme negativ klingt, wenn der innere Saboteur die Oberhand gewinnen will. Meistens ist es mein Vater, der mir sagt, dass ich nichts wert bin, oder der mich verbal immer noch unter eiskaltes Wasser hält.

„Aus dir wird eh nichts." „Du endest als Stricher am Hauptbahnhof." „Du bist eine Mogelpackung."

Auf mein Abitur kam ein Achselzucken, auf meinen akademischen Abschluss an der Uni gar keine Reaktion.

Ich zitiere meinen Vater hier nicht aus Rache, sondern um dich darauf aufmerksam zu machen, dass wenn du ähnlich negative und limitierende, abschätzige Wertungen von deinen Eltern oder dem*der Täter*in gehört hast, du dich davon verabschieden kannst. Diese Art von Behandlung deiner selbst ist kontraproduktiv und bringt dich nicht weiter auf deinem Weg.

Wer braucht so etwas?

Für dich ist es wichtig genau zu erkennen, was du beruflich möchtest. Falls du eine berufliche Karriere anstrebst. Womit du deinen Tag ausfüllst. Es ist egal, was es ist, solange du dich nicht unwohl dabei fühlst oder weißt, dass du woanders besser aufgehoben wärst. Arbeite dich an das Ziel heran. Setz dich auch hier nicht unter den bereits bekannten Druck. Lass dich nicht von Ängsten leiten. Oder nur von der Aussicht auf die Rente.

Ich habe im Laufe meines Lebens fünfmal den Job gewechselt. Und das habe ich nie als negativ empfunden. Besorgte Freund*innen sprachen von Versicherung, Absicherung, Rente, Wohlstand. Mir ging es persönlich eher darum, ob mich das, was ich mache, erfüllt. Dann bin ich den nächsten Schritt gegangen. Alles, was du lernst, baut aufeinander auf.

Die Idee, vierzig Jahre den gleichen Job zu machen, kann für dich funktionieren, sie muss es aber nicht.

Wenn du weiter gehst und dich entwickelst, bringt das oft Wagnisse und Unsicherheit mit sich. Als ich vom Make-up-Artist zum Fotografen wechselte, hatte ich auch mit Problemen zu kämpfen. Man traute mir den

Wechsel nicht zu, versuchte, mich klein zu machen, sabotierte mein Potenzial und legte mir viele Steine in den Weg

Hör immer genau hin und schau dir dein Gegenüber an. Ist es wirklich ein gut gemeinter Rat, oder ist dieser Rat bestimmt durch die Unsicherheit und Angst des*der anderen? Oder durch seine*ihre eigenen einschränkenden Muster?

Ist es Eifersucht, Neid oder Missgunst?

Kennst du dieses Muster von deinem Missbrauch, wo du bewusst in einer Opferrolle, in der Passivität gehalten wurdest?

„Der hat leicht reden", denkst du vielleicht. Aber auch das ist eine negative Haltung. Ich rede nicht leicht, ich versuche, dich auf etwas aufmerksam zu machen, das du dir vielleicht verbietest. Wirst du deinen Job, wenn du ihn nicht magst, von heute auf morgen verändern? Nein! Genauso wenig wie du von dir erwarten kannst, deinen Missbrauch über Nacht zu verarbeiten. Alles braucht seine Zeit. Und du fängst dann an, wenn du dein negatives Denken und deine Einstellung dir selbst gegenüber änderst.

Du kannst natürlich auch erfolgreich sein, aber dir dennoch nicht erlauben, ein ausgefülltes Berufsleben zu haben.

Ich habe einen guten Freund in New York, einen sehr erfolgreichen Makler. Er verdient Millionen im Jahr. Und ist nach wie vor unglücklich, erlaubt sich nicht wirklich, das auszuleben, was er gerne tun würde. Er ist mit Mitte fünfzig und verstrickt in seine alten Muster, die immer noch vom Missbrauch bestimmt werden. Emotional abhängig von seiner Familie, die wiederum finanziell abhängig von ihm ist. Sie wissen, er wurde von einem Familienmitglied missbraucht, aber es wird nicht thematisiert. Er braucht die „Liebe der Familie" und unterstützt seine Eltern finanziell. Und das sehr großzügig. Dafür bekommt er allerdings nichts zurück. Weder Liebe, Dankbarkeit noch wahre Nähe. Im Grunde wäre mein Freund lieber Fotograf oder Maler, aber er gibt sich weder Zeit noch Raum dafür. Auch nach einer Therapie schafft er es nicht, sich aus dieser emotionalen Abhängigkeit von seiner Familie zu lösen. Er kennt diese Abhängigkeit von seinen seit Jahrzehnten gelebten Mustern und hat sich entschieden, diese nicht zu ändern. Er bleibt auf seinen gewohnten Bahnen, denn Veränderung würde bedeuten, dass er sich seiner Familie entziehen muss. Und die Angst davor ist größer als der Wunsch nach Eigenständigkeit.

Was empfindest du als Überlebende*r, wenn du dies liest?
Wirst du unruhig und bemerkst eine Unzufriedenheit tief in dir?
Was lebst du nicht?
Was traust du dich nicht?
Wem gibst du die Schuld an deiner Situation?
Gibt es Dinge, die du ändern, oder zumindest damit anfangen könntest?
Bist du ehrlich dir selbst gegenüber, oder ist die Welt einfach nur schlecht und ungerecht und das „macht ja alles sowieso keinen Sinn", weil „die anderen Schuld sind"?
Dann hat der innere Saboteur noch die Oberhand.

Wir leben in einer multimedialen, digitalen Welt. Das hat viele Vorteile und erleichtert die Kommunikation und unser tägliches Leben. Auf der anderen Seite bringt es Probleme mit sich. Unter anderem etwas, was ich hier die „Vermüllung unseres Geistes" nennen werde. Wir werden regelrecht abgefüllt mit zu vielen Informationen, im Grunde schon überfordert.

Ein einfaches Beispiel aus meiner Branche verdeutlicht das. Schauen wir uns das Cover einer ganz normalen Frauenzeitschrift an. Früher lächelte ein Model auf dem Titel, es gab drei bis vier Headlines und das war's. Heute erkennt man vor lauter Headlines und Bildern auf dem Titel das Lächeln des Models kaum noch. Zugemüllt.

Der Inhalt des ganzen Heftes wird auf das Cover geknallt. Im Heft sieht es nicht besser aus. Gab es früher eine Modestrecke mit acht Bildern, so sind es heute oft acht Bilder auf zwei Seiten, oder Collagen von Trends. Dadurch ändert sich im Laufe der Zeit unsere Sichtweise. Und online ist es noch viel einfacher, viele Informationen komprimiert auf wenig Platz zu bieten.

Das ist auf alle Gebiete übertragbar. Durch unser Handy sind wir leichter beeinflussbar und manipulierbar.

Viele Menschen haben Angst, etwas zu verpassen, nicht verbunden zu sein. Aber sind wir wirklich mit uns oder anderen „connected", wirklich verbunden, wenn uns die Informationsflut überrollt und uns taub macht für die eigene Stimme?

Wenn die Meinung der Influencer*innen wichtiger ist als unsere eigene?

Wenn wir Meinungen übernehmen, anstatt sie uns selbst zu bilden?

Es wird schwieriger, bei sich zu bleiben, weil die Ablenkungen ständig und überall im wahrsten Sinne des Wortes in unserer Hand liegen. Achte bewusst auf deinen Umgang mit deinem Handy. Pass auf, damit dich die digitale Welt nicht vereinnahmt, dass du nicht den ganzen Müll in deinen Kopf und dein Denken hineinlässt.

Wie willst du deine eigene Stimme hören, wenn sie von all den anderen äußeren Stimmen begraben wird? Nicht hörbar scheint.

Das digitale Zeitalter erschwert oft eine reale, analoge Kommunikation. Der digitale Kommunikationsfluss und Konsum hat sich in den letzten Jahren extrem verändert. Natürlich auch durch Corona. Wir waren für lange Zeit von anderen Menschen isoliert und digitale Kommunikation half uns, die Einsamkeit zu überwinden. Das hat sich bei vielen verselbstständigt.

Auch ich habe viel Zeit alleine verbracht im ersten Jahr der Pandemie. Aber ich bin gerne für mich und habe diese Zeit kreativ nutzen können. Bei vielen meiner Freund*innen, vielleicht auch bei dir, sah das anders aus.

Alte Dämonen, der innere Saboteur, die Einsamkeit, Drucksucht, Depressionen, Ängste und andere im ersten Moment als negativ empfundene alte Gefühle und Strukturen hatten viel Raum und Zeit, die Oberhand zu gewinnen.

Da muss man stark sein, bei sich sein und bleiben, wissen, wie man funktioniert.

Egal, ob du Überlebende*r von sexuellem Missbrauch bist oder nicht.

7. DU DARFST VERTRAUEN. AUCH DIR SELBST

Was uns oft als vermeintlich einziger Aus- oder Fluchtweg, besonders während und nach der Pandemie, erscheint, ist die digitale Welt.

Ich habe noch den Vergleich mit den Kommunikationsstrukturen der analogen Welt. Ohne Internet, Smartphones, Hunderten von Fernsehkanälen, Apps, Dating-Portalen und Internetpornografie.

Warum ich hier unter anderem die Internetpornografie erwähne? Weil sie ein wichtiger Stör- und Vermeidungsfaktor in diesem Kapitel über Vertrauen und Partnerschaft sein wird. Wenn alles online erhältlich ist, wir von der Küchenrolle, Sushi, Balkonpflanzen, bis Pornographie alles über unseren Computer beziehen und bestellen können, ohne mit jemandem in Kontakt zu treten, bleibt etwas auf der Strecke. Auch in unseren Beziehungen: Kommunikation!

Oder es hält uns von vornherein davon ab, reale Beziehungen einzugehen.

Kein Chat oder virtueller Sex kann das „wahre Kennenlernen" einer anderen Person ersetzen, denn der Austausch, die persönliche, menschliche Erfahrung, die langsame Annäherung und der Aufbau von Vertrauen bleiben dabei auf der Strecke. Und das sind die Voraussetzungen für Beziehungen.

Oft reduziert sich der Kontakt auf ein sexuelles Erlebnis. Ein langsames Herantasten erscheint vielen dann überflüssig. Weil sie wahre Intimität vermeiden wollen. Weil sich viele hinter einer Online-Identität verstecken und glauben, in der analogen Welt nicht zu genügen. Erwartungen nicht erfüllen zu können, die die Welt oder ein*e potenzielle*r Partner*in hat.

Gerade für Überlebende ist es wichtig, Vertrauen aufzubauen und sich Zeit zu nehmen, besonders wenn es um Sexualität geht. Wenn wir den*die andere*n (oder uns selbst) nur auf seinen*ihren Körper und seine*ihre (sexuellen) Vorlieben reduzieren und schauen, ob wir da Berührungspunkte haben, lassen wir außer Acht, dass das Leben unseres Gegenübers (und unser eigenes) nicht nur aus Sex und Befriedigung, einer kurzen Begegnung, dem Aussehen oder aus Statussymbolen besteht. Dann bleiben wir an der Oberfläche.

Gerade bei einer intimen Beziehung ist Vertrauen wichtig, ein Gefühl, das bei Überlebenden bereits in frühester Kindheit zerstört wurde. Vertrauen lässt sich nur durch Zeit und Erfahrungen mit einem anderen Menschen aufbauen. Das ist besonders wichtig für dich zu wissen, wenn dein*e Partner*in ein*e Überlebende*r ist.

Wir sollten darauf achten, dass wir andere Menschen nicht als Projektionsfigur einsetzen.

Auch wenn jemand äußerlich dein Typ ist, heißt das noch lange nicht, dass er*sie zu dir passt, dass er*sie der*die Richtige ist. Dass er*sie gut für dich ist. Fall also nicht drauf rein, wenn dein Gegenüber deinem „Beuteschema" entspricht, denn das baut sich im Laufe der Jahre oft auf deinen alten Strukturen auf.

Viele Menschen suchen den*die perfekte*n Partner*in, den*die es leider nicht geben kann. Das ist eine Wunschvorstellung.

Und eine Vermeidung der Realität.

> Wenn du jemanden triffst, frage dich lieber, ob deine neu entdeckten Muster mit denen potenzieller Partner*innen übereinstimmen. Wenn wir uns bewusstwerden, wie wir ticken, wird es einfacher, das auch zu kommunizieren. Es ist sogar notwendig!
> Du bist bestimmt gut für jemand anderen, aber ist er*sie es auch für dich?
> Jeder Mensch, den du triffst, trägt mehr oder weniger Ballast mit sich herum. Hat seine eigenen Erfahrungen gemacht, bevor er*sie dich kennenlernt und die haben zunächst nicht unbedingt etwas mit dir zu tun. Wenn du dir das bewusst machst, kannst du dem*der anderen entspannter gegenübertreten. Du löst Dinge bei dem*der anderen aus, bist aber nicht die Ursache.
> Du kannst deine Angst vor Kontakt und Annäherung auch durch eine positive Wort- und Gedankenwahl beruhigen. Beobachte, wie du im inneren Monolog mit dir redest. „Ich bin nicht gut genug, ich sehe nicht gut genug aus, ich bin zu dies, zu das, zu jenes!"
> Ich bin nicht genug. Niemand ist genug und niemand kann in einer Partnerschaft hundert Prozent von all dem abdecken, was der*die andere sich vielleicht erhofft.
> Du musst nicht perfekt sein, Perfektion gibt es nicht. Das ist der*die andere auch nicht. Egal, ob er ein*e Überlebende*r ist oder nicht.

Als ich sehr jung war, dachte ich selbst, ich sei nicht gut genug, eine „Mogelpackung" und wenn jemand erfahre, wer und wie ich wirklich bin und was mich ausmacht, oder von meiner Geschichte des sexuellen Missbrauchs wüsste, dann würde er schnellstens in die entgegengesetzte Richtung rennen. Das ist auch vorgekommen, aber inzwischen weiß ich, dass das nichts mit mir zu tun hatte, sondern mit den Ängsten, Strukturen und Befindlichkeiten meines Gegenübers. Und für die bin ich nicht verantwortlich.

Ich lernte, dass ich diese Ablehnung, denn so empfand ich es früher, nicht auf mich beziehen darf.

Dein eigenes Minderwertigkeitsgefühl, deine „Störung" sorgt für Unsicherheit in dir, die du eventuell auch auf deine*n Partner*in oder dein „Objekt der Begierde" übertragen kannst.

Sei dir also bewusst, wer du bist und was dir passiert ist und sieh es nicht als Schande oder Makel, denn du hast es überlebt und gehst bereits den nächsten Schritt.

Schau dir an, auf wen du deine Sehnsüchte, deine Gefühle projizierst und ob diese Person gut für dich ist, oder ob es sich um eine Übertragung aus der Zeit handelt, bevor du dir deiner selbst bewusst wurdest. Du hast ab jetzt die Möglichkeit, dir selbst zu vertrauen und auf deine wahre Stimme zu hören. Dann kannst du im Dialog authentisch kommunizieren, dich darüber austauschen.

Wenn der*die andere das nicht erwidern kann oder aushält, dann ist er*sie in diesem Moment deiner Entwicklung nicht der*die richtige Person für dich.

Pornografie als Fluchtmittel

Ich will nicht gegen die Pornografie wettern. Das Gleiche gilt für Prostitution. Auch Selbstbefriedigung zu verdammen wäre falsch, denn sie kann durchaus erfüllend und wichtig sein.

Pornografie ist jedoch nie ein Ersatz für Kommunikation, Körperlichkeit und Austausch.

Der Konsum von Pornografie kann Nähe und Emotionen nicht ersetzen, sie ist, glaube ich, im besten Fall ein Notnagel. Der perfekte digitale, unpersönliche Ort, an dem man nach rein äußerlichen Maßstäben seinen vermeintlichen Idealtyp als besagte Projektionsfläche einsetzen kann. Ohne Probleme, ohne Abweisung, denn es wird nie zu einer Kommunikation oder Konfrontation kommen.

Viel wichtiger ist, dass du genau hinschaust, ob du diese Formen der Vermeidung benutzt. Wann, wie häufig und warum. Und ob es zu einer Abhängigkeit oder zu einem Zwang wird, zu deiner einzigen Form von sexueller Betätigung. Die Nutzung des Mediums Pornografie kann sich in Verbindung mit Masturbation auch zur Sucht entwickeln.

Wie ist dein Verhältnis als Überlebende*r zur Pornografie? Ist sie ein Teil deiner sexuellen Erlebniswelt? Benutzt du sie, um realen Kontakten aus dem Weg zu gehen, um die Kontrolle zu behalten?

Das ist auch ein nicht zu unterschätzender Faktor: Die Kontrolle.

Dir kann, so denkst du, nichts passieren, denn du entscheidest, wann du Pornografie konsumierst, was sicher für dich ist und wie weit du gehen willst. Im Grunde ein richtiger Gedanke, aber leider im falschen Medium. Es wird nie ein reales Kennenlernen geben. Du wirst nichts lernen, dich nicht im Kontakt mit einem anderen Menschen weiterentwickeln, dich nicht austauschen. Daraus entsteht schließlich mehr Isolation und werden negative Stimmen in dir bestätigt, die sagen, dass du nicht genug bist. Lieber auf der angeblich sicheren Seite bleiben, als etwas Neues auszuprobieren.

Entdeckst du eine zunehmende Verlagerung von der analogen in die digitale Welt? Verbringst du viel Zeit am Computer?

Du bist mit diesem Verhalten nicht allein. Es geht vielen so. Du musst dich nicht dafür schämen. Das wäre kontraproduktiv. Scham bring nichts, eine Schande ist es nicht.

Das Schweigen der Männer

Ich möchte an dieser Stelle speziell auf Männer eingehen. Wie gehen männliche Überlebende mit sexuellem Missbrauch um?

Ich habe nach meinem Outing als Überlebender mit meinem Buch „Katharsis“ im März 2020 meine E-Mail-Adresse bewusst öffentlich gelassen. Ich wollte hören, wie es anderen Überlebenden geht, welche Erfahrungen sie gemacht haben. Ich wollte den Austausch. Ich wollte viele Stimmen hören. Und die kamen dann auch. Zu neunzig Prozent von Frauen und Sekundärbetroffenen, die mir ihre Geschichten erzählten, die Rat suchten.

Es waren allein in den ersten drei Monaten über viertausend Mails und Nachrichten und ich konnte nicht persönlich auf alle eingehen. Vielen Dank dafür an dieser Stelle, denn dadurch entstand in mir die Idee zu diesem Leitfaden. Und es tut mir leid, dass ich nicht jede Nachricht beantworten konnte. Ich weiß, dass es dem*derjenigen wichtig war, mir zu schreiben, aber irgendwann fehlten mir die Kapazitäten dazu.

Die allermeisten Nachrichten waren von Frauen. Sie kommunizierten, sie hatten keine Befürchtung oder Angst, ihre Gefühle mitzuteilen. Zehn Prozent der Kommentare und Messages waren von Männern.

Nun ist das Verhältnis bei sexuellem Missbrauch nicht neunzig Prozent Frauen und zehn Prozent Männer.

Warum teilen sich generell so wenig Männer mit? Egal, ob du als Mann von einem anderen Mann oder von einer Frau missbraucht wurdest. Was steckt hinter diesem Schweigen?

Ist es wirklich nur die Scham der heterosexuellen Männer, ihre Männlichkeit in Frage gestellt zu sehen? Zögern sie, sich selbst zu hinterfragen wenn sie sexuell missbraucht wurden, aufgrund des Tabus und des Drucks, den die Gesellschaft ausübt?

Hinzu kommen die Ängste der schwulen Männer, die ja oft in einem doppelten Tabu aufwachsen. Außenseiter sind, weil schwul und missbraucht. Es hat sich viel geändert bezüglich der Rechte der LGBTQ+-Community. Aber es gibt nach wie vor sehr viel Diskriminierung und Anfeindung.

Nicht überall herrschen Toleranz und Gleichberechtigung. Auch das kann ich aus eigenen Erfahrungen bestätigen.

Es ist auch die Gesellschaft, die Männer immer noch in diese Rollen drängt. Wird die sexualisierte Gewalt durch Frauen an Jungen, besonders jugendlichen Jungen, einfach umgedeutet? Lässt die Gesellschaft nicht zu, dass Jungen oder Männer sich trauen, ihren Missbrauch anzusprechen?

Da gibt es unendlich viele Vorurteile, die ganz einfach falsch sind, denn Jungen verarbeiten ihren Missbrauch nicht einfacher als Mädchen, sie brauchen genauso Hilfe und sind nicht selbst schuld an dem, was passiert. Sie sind weder schwach noch feige. Sie kennen den Schmerz. Jungen empfinden Sex mit einer Täterin NICHT als angenehm, es ist kein sexuelles „Abenteuer", auch wenn sie bereits in der Pubertät sind. Sexualisierte Gewalt durch eine*n Erwachsene*n ist keine angenehme, „lehrreiche" Erfahrung für einen jugendlichen Jungen.

Ich glaube, dass wir durch Aufklärung vielen jüngeren Überlebenden, gerade Männern, eine Chance geben können, sich zu artikulieren und ihr Trauma zu überwinden.

Viele ältere betroffene Männer und Frauen wollen sich mit ihrem sexuellen Missbrauch irgendwann nicht mehr auseinandersetzen. Sie haben sich damit arrangiert, das Erlebte wird nicht thematisiert. Aber so kann keine Heilung stattfinden.

Ich habe auf meinen Lesungen und auch im E-Mail-Austausch oft mit betroffenen Männern gesprochen, die ihren Partner*innen nichts von dem Missbrauch erzählten.

Durch Vertuschung und Geheimnisse entstehen jedoch große Probleme. Offensichtlich nicht der beste Weg zu einer erfüllten, vertrauensvollen Beziehung.

Du wirst Mut und Zeit brauchen, wenn du dich entschließt, deinen Missbrauch zu bearbeiten. Das kann nicht oft genug betont werden.

Für dich als Partner*in eines*einer Überlebenden wird es ebenfalls nicht einfach sein, denn Liebe heilt nicht alle Wunden.

Und natürlich zerbrechen auch Partnerschaften. Aber nicht unbedingt an den Wahrheiten, sondern an den Verschleierungen, den Lügen und den damit verbundenen Enttäuschungen und Verletzungen.

Eine Folge von sexuellem Missbrauch kann auch eine extreme Promiskuität und die (unbewusste) Fokussierung auf den*die andere*n (und auch sich selbst) als Sexobjekt sein, den*die andere*n nicht als ganzen Menschen zu sehen. Ein verstärkt sexualisiertes, über die Sexualität definiertes Verhalten findet oft in der schwulen Welt unter Männern statt.

Wenn du nur über Sex und Aussehen definiert wirst, weil du dich selbst darüber definierst, dann besteht die Gefahr, dass du dich und deine Bedürfnisse nicht weiter ernst nimmst und dich ausnutzen, benutzen, missbrauchen lässt.

Ein bekanntes Muster, das du gut kennst.

Das gilt genauso für weibliche Überlebende, egal ob homo- oder heterosexuell. Lass dich nicht instrumentalisieren oder benutzen. Sag nein, wenn du etwas nicht willst, wenn es sich nicht gut für dich anfühlt.

Du musst nichts mitmachen, um dazuzugehören. Du musst nicht promiskuitiv sein, Drogen nehmen, einer Gruppe angehören.

Du entscheidest, was du möchtest und wann. Und du musst nicht ständig online sein, aus Angst etwas zu verpassen, oder verpasst zu werden.

Wie sieht es mit deiner realen, analogen Welt aus? Mit deinen Beziehungen und Freund*innen?

Oder sind dir Facebook-Freund*innen, TikTok, Twitter, WhatsApp, Videospiele und Follower wichtiger? Dies wird besonders die Jüngeren unter euch betreffen. Verbringst du zu viel Zeit vor dem Computer und chattest, anstatt andere zu treffen?

Es ist oft eine Vermeidung der (eigenen) Realität.

Was steckt dahinter, wenn wir die digitale Seite der Kommunikation bevorzugen?

Kommunikation unter Freund*innen, Beziehungspartner*innen bringt, neben vielem anderen, immer auch Potenzial für Konflikt mit sich. Man kann die (selbst aufgebauten) Mauern nicht aufrechterhalten. Doch willst du nichts Neues ausprobieren und lieber im Sumpf der bekannten Muster und Beziehungen stecken bleiben, auch wenn sie dir nicht guttun?

Für dich als Überlebende*r ist Partnerschaft und Beziehung nicht leicht.

Was deine Sexualität betrifft, wurden unter anderem Verwirrung, Angst, Einsamkeit und Hilflosigkeit durch dieses Verbrechen ausgelöst.

Ich wurde so oft gefragt: „Warum hast du denn damals nichts gesagt? Warum hast du dich nicht gewehrt?"

Abgesehen davon, dass diese Fragen allein schon eine Art Schuldzuweisung sind, möchte ich das hier stellvertretend für viele andere Überlebende deutlich sagen und erklären:

Weil ich ein Kind war! Und damit keine Chance hatte, mich gegen die übermächtige erwachsene Frau zu wehren.

Weil ich nicht verstand, was da passierte.

Weil ich fühlte, dass es gewaltsam, übergriffig und falsch war, was man mir antat, mir aber die (intellektuellen) Fähigkeiten fehlten, das mitzuteilen.

Weil ich mich ohnmächtig fühlte und es auch war.

Ich hatte keine Macht. Die Erwachsene, die Täterin hatte die Macht.

Ich konnte andere Zeichen geben, die meist körperlich waren, da ich mich aus Angst nicht sprachlich artikulieren konnte. Sie wurden, wie bei vielen anderen, missverstanden.

In meinem Fall galt ich für meine Eltern und meine Familie als schwer erziehbar, schwierig, bockig. Und irgendwann übernahm ich dann diesen Glauben, dass etwas mit mir nicht stimmte. Ich lernte nicht, mir zu vertrauen, weil man mir nicht vertraute, dem nicht traute, was ich non-verbal kommunizierte. Die Folge war, dass ich kein Vertrauen zu meiner Familie mehr haben konnte.

Zeichen erkennen

Wenn du also ein Kind hast, oder als Sekundärbetroffene*r befürchtest (oder weißt), dass Missbrauch stattgefunden hat, ist es wichtig, die (nonverbalen) Zeichen richtig zu deuten.

Dazu gehört als erstes, Vertrauen zu schenken und dem Kind dadurch Sicherheit zu geben. Behutsam zu sein bei deinen Fragen, denn ein sexuell missbrauchtes Kind ist vor allen Dingen erstmal eines: Verschreckt und ängstlich,

verletzt an Körper und Seele. Das bedeutet, es fällt ihm schwer zu vertrauen. Gleichzeitig kann es auch sein, dass es Angst hat, den*die Täter*in zu verraten. Oder im Stich gelassen und nicht verstanden zu werden.

Du darfst nicht davon ausgehen, dass ein Kind diese Vorgänge rational erfassen und benennen kann. Oft ist es außerdem abhängig von dem*der Täter*in, wenn es sich beispielsweise um den eigenen Vater oder die eigene Mutter handelt. Auch hier sei erneut gesagt: Wer immer du für das Kind bist, es ist nicht deine Aufgabe, alles allein zu lösen. Das kann niemand. Deshalb ist es so wichtig, sich Hilfe zu holen. Unterstützung von Fachleuten, die helfen können.

Die findest du bei:

Hilfetelefon Missbrauch: 0800 22 55 530.

Oder: www.hilfe-telefon-missbrauch.online.

Wenn du als Überlebende*r im Kindesalter sexuelle Handlungen fremdbestimmt erlebst, gekoppelt mit Angst, Vergewaltigung, Todesbedrohung und/oder auch physischer Gewalt, dann erschwert das, als Erwachsene*r eine gesunde, erfüllte und selbstbestimmte Beziehung zu führen.

Voraussetzung dafür sind Selbsterkenntnis, das Durchschauen der eigenen Muster, das Erkennen der internalisierten Stimmen, der beschriebenen drei Ebenen, die sich unbemerkt übereinanderlegen, die Konditionierungen der Psyche, die Strukturen.

Das Gleiche gilt auch für den*die Sekundärbetroffene*n, den*die Beziehungspartner*in. Du wirst mit Verhaltensweisen und Reaktionen des*der Überlebenden konfrontiert, die du im ersten Moment nicht verstehen kannst, weil sie in vielen Fällen nichts mit dir zu tun haben.

Du bist oft nur ein Katalysator, das heißt, du löst unbewusst und ungewollt Dinge und Reaktionen bei deinem*deiner Partner*in aus, deren Ursache du nicht bist.

Eine bewusste, liebevolle Partnerschaft zu führen, ist selbst für Menschen, die nicht sexuell missbraucht wurden, nicht einfach. Partnerschaft und Liebe erfordern, sich ständig, immer wieder neu aufeinander einzulassen. Immer wieder hinzuschauen, was die eigenen Handlungen und Reaktionen mit dem*der anderen zu tun haben. Reagiert man selbst unbewusst auf ein altes Muster? Die Folgen davon sind oft Drama, Eifersucht, beleidigt sein, Vertrauensverlust, Einsamkeit in der Zweisamkeit, Projektion.

Typische Verhaltensweisen und Reaktionen, die in Beziehungen vorkommen.

Du wirst am Anfang viel Verständnis, Rücksicht und Selbstsicherheit brauchen, wenn du eine Beziehung mit einem*einer Überlebenden von sexuellem Missbrauch führst. Und die Bereitschaft, dich auf diesen Weg, diesen Prozess, der lange dauern kann, einzulassen.

Wenn dein*e langjährige*r Partner*in sich entschließt, dir von seinem*ihrem Trauma zu erzählen, dann ist das ein sehr großer Vertrauensbeweis und die Bitte um Hilfe und Unterstützung.

Der Schritt des sich Öffnens ist für eine*n Überlebende*n oft schwierig. Seine*ihre Stimme zu finden und sich zu artikulieren, sich verständlich in seinen*ihren Befindlichkeiten zu machen. Nicht, weil er*sie es intellektuell oder kognitiv nicht kann, sondern weil er*sie es nicht gelernt hat.

Weil es ihm*ihr in seiner*ihrer Vergangenheit nicht erlaubt wurde.

Weil er*sie als Kind mundtot gemacht wurde.

Aber dieses Verbot gilt nicht mehr.

Du darfst dich artikulieren, du darfst in deiner Beziehung eine eigene Stimme haben und dich mitteilen.
Das kann neu und ungewohnt für dich sein. Wir reagieren oft unsicher, ungehalten oder wütend in Beziehungen, weil wir nicht genügend oder richtig kommunizieren. Weil wir dem*der anderen nicht sagen, was wir erwarten, was wir brauchen. Oder auch was wir nicht wollen, was uns nicht guttut.

1. Weil wir nicht gelernt haben, ehrlich und offen miteinander zu kommunizieren.
2. Weil wir Angst haben, unsere Meinung zu sagen und für das einzustehen, was wir denken und brauchen.
3. Weil wir falsche Rücksichtnahme üben, den*die andere*n nicht verletzen wollen, klein beigeben, glauben, nicht gut genug zu sein.
4. Weil wir dem*der anderen die Macht über uns geben, aus Angst, ihn*sie verlieren zu können.
5. Weil wir eine idealisierte Vorstellung von Beziehung und dem*der Partner*in aufrechterhalten wollen und dabei vergessen, bei uns zu bleiben.
6. Weil wir die Realität nicht sehen (wollen) und lieber in der Wunschvorstellung verharren.
7. Weil wir in der Ohnmacht stecken bleiben!

In der Ohnmacht zu verbleiben ist, sowohl für den*die Überlebende*n als auch für den*die Sekundärbetroffene*n, nicht der richtige Weg. Man verliert den Blick und den Respekt für sich selbst und auch für den*die andere*n. Viele geben lieber klein bei und werden irgendwann wütend, weil sie die Wut und den Ärger nicht kommunizieren, sondern permanent schlucken. Die Folge ist eine Explosion, ein handfester Streit, in dem sich die meisten dann lautstark Dinge an den Kopf werfen, die möglicherweise durchaus ihre Berechtigung haben, aber über lange Zeit aufgestaut wurden, anstatt sie mit Respekt und Vertrauen zu kommunizieren. Der bekannte Tropfen, der das Fass zum Überlaufen bringt.

Wie kann man das vermeiden?

Im Grunde ganz einfach: Schau dir die gerade genannten sieben Punkte an. Was trifft davon auf dich zu und was kannst und möchtest du ab jetzt ändern?

1. Durch Kommunikation, die zunächst nicht durch Vorwürfe gekennzeichnet ist.

2. Indem du dem*der anderen erklärst, was du brauchst, was dir guttut und was dir nicht guttut.

3. Indem du erkennst, dass der*die andere meistens nicht die Ursache für dein Problem ist. Sondern nur der Auslöser. Und er*sie wahrscheinlich nicht vorsätzlich beabsichtigt, dich zu verletzen oder zu (v)erschrecken.

Vertrauen zu haben setzt immer voraus, zu lernen, sich selbst zu vertrauen. Schaffe dir eine Basis, die dich selbst stützt. Dazu gehört, dass du erkennst, was nicht gut für dich ist, und du das sagen darfst. Du darfst und musst lernen, deine Gefühle, deine Bedürfnisse und Ängste verbal mitzuteilen, denn sie stehen dir nicht auf der Stirn geschrieben.
Vermutungen, Wünsche und Träume, wie dein*e Partner*in zu sein oder zu reagieren hat, haben nichts mit der Realität zu tun.
„We are all human", wir sind alle Menschen und Fehler machen gehört dazu. Lerne aus ihnen, dazu sind sie da.
Und dann musst du bald nicht die ganze Hand auf die Herdplatte legen, um herauszufinden, ob sie heiß ist oder nicht.

8. DU DARFST ÜBERLEBEN

Du bist ein*e Überlebende*r.

Du übernimmst Verantwortung für dein Leben und sorgst für Veränderungen, die von dir selbst und nicht immer (unbedingt) von außen gekommen sind.

Du selbst hast sie veranlasst! Du darfst überleben.

In der nächsten Zeit wirst du diese Erkenntnisse immer mehr in deinem Leben praktisch umsetzen. Du wirst dir erlauben, für dich selbst einzustehen und dich nicht mehr von anderen klein machen oder dir den Mund verbieten lassen. Dein Verständnis, und daraus folgend dein Verhalten, wird sich verändern.

Das wird in zwei Schritten passieren.

Im ersten Schritt wird die Umsetzung der von mir angesprochenen Punkte (sofern sie neu für dich sind) zunächst von der Ratio, deinem Verstand ausgehen. Du kannst die Anregungen annehmen und verstehen, dich genauer beobachten, die Strukturen, nach denen du handelst, erkennen und verändern. Dir werden besonders deine Verhaltensweisen, die kontraproduktiv oder nicht gut für dich sind, auffallen.

Es geht jetzt um diesen Moment, in dem du als Überlebende*r bewusst dein Leben bestimmen wirst. Dass du dabei Fehler machst, oder dass dir nicht sofort alles bewusst sein kann, ist normal und verständlich.

„Es bildet ein Talent sich in der Stille, ein Charakter sich im Strom der Welt", schrieb Goethe. In der Stille, aus der REFLEXION, die du jetzt spürst, kann sich ein neues Talent in dir entwickeln.

Dein neues Ich als Überlebende*r, das du jetzt nach außen kommunizierst.

Dies ist ein kontinuierlicher Prozess, der irgendwann organisch wird, also zu einem Teil von dir. Genau dann, wenn das, was dein Verstand schon begriffen hat, auch in deiner Gefühlswelt ankommt und verarbeitet wird.

Dann folgt der zweite Schritt, die emotionale Verarbeitung und Akzeptanz deiner Geschichte.

Und die erfordert eine Empfindsamkeit, deine besondere Aufmerksamkeit und Verletzlichkeit, damit du lange verdrängte Gefühle auch zulassen kannst.

Das kann mit Schmerz gekoppelt sein. Wir gehen in den meisten Therapien durch den Schmerz, spüren und erfahren ihn noch einmal als Erwachsene*r, um ihn dann gehen zu lassen. Davor haben die meisten Angst, egal ob Überlebende*r oder Sekundärbetroffene*r, und boykottieren lieber diesen Prozess als ihn zuzulassen.

Aber der Schmerz muss kein ständiger Begleiter mehr in deinem Leben sein wird. Du lernst, mit deinen Gefühlen umzugehen und dich nicht von ihnen bestimmen zu lassen. Denn wenn man sich seinen Gefühlen ausliefert und passiv bleibt, gibt man die Verantwortung für sich ab.

Ab jetzt übernimmst du für dich die Verantwortung. Und das ist dein gutes Recht! Was für ein kraftvolles und positives Gefühl. Du bist der*diejenige, der*die entscheidet, wie es für dich weitergehen kann und wird.

Der Schmerz über die sexualisierte Gewalt, die dir angetan wurde, und dessen Folgen werden bald nicht mehr die Kraft haben, dich zu bestimmen. Nur die Verdrängung ermöglicht es der Angst, machtvoll zu bleiben. Die Angst konnte dich bisher oft schon überrollen, bevor überhaupt etwas passierte, und dich gefangen nehmen. Ich nenne das „Preflektion".

Man denkt über etwas nach, was noch nicht passiert ist und zieht negative Schlussfolgerungen daraus. Wende deine Gedanken dem Positiven, deiner Kraft und Heilung zu, das ist konstruktiver.

Lass nicht zu, dass die Angst vor deiner Auseinandersetzung mit dem Thema dein Handeln bestimmt.

Lass nicht zu, dass in dir aufgrund von Unkenntnis oder falscher Scham ein Widerwillen entsteht, dich mit deinem Missbrauch auseinanderzusetzen.

Auch für den*die Sekundärbetroffene*n ist Kommunikation mit dem*der Überlebenden unbedingt notwendig, denn nur dadurch kann es zu einer gemeinsamen Lösung kommen.

Ihr steht beide vor dem gleichen Problem: Die Tatsache zu akzeptieren, dass der sexuelle Missbrauch stattgefunden hat, und der Frage, wie ihr damit umgeht. Jetzt habt ihr eine Chance, es besser zu machen und eine Klärung miteinander zu finden.

Hab' keine Angst als Sekundärbetroffene*r, dich oder dein Verhalten in der Vergangenheit in Frage zu stellen, zu reflektieren und auf deine eigenen Prozesse und Muster zu achten. Vielleicht hast du in der Vergangenheit nicht richtig gehandelt, dich „falsch" verhalten. Du kannst dich dafür entschuldigen. Jede*r Überlebende wird spüren, wenn du ihm*ihr zuhörst und deine Anteilnahme dabei ehrlich ist.

Es kann sein, dass du Fehler gemacht hast, geschwiegen hast, deinen Vermutungen nicht trauen wolltest, weil sie zu bedrohlich waren. Weil du nicht genügend informiert warst, oder dir sexuellen Missbrauch an einem Kind „nicht vorstellen" konntest. Schweig nicht weiter aus Angst und schlechtem Gewissen. Es geht um das Jetzt, um heute, um die Veränderung in der Beziehung zu dem*der Überlebenden.

Mein Onkel, DER BRUDER MEINER MUTTER, hat sich nach Jahren bei mir entschuldigt. Er hat eingesehen, dass er mich und meinen sexuellen Missbrauch vor der Zeit meines Familiengerichts nicht wirklich ernst genommen hatte. Das tut ihm bis heute leid.

Sicher wäre es schön gewesen, wenn ich als Kind oder junger Erwachsener Hilfe bekommen hätte. Aber ich lebe nicht in der Vergangenheit, ich lebe jetzt, jeden Tag, ganz bewusst und kann dir nur raten, das Gleiche zu tun. Nimm Entschuldigungen an, wenn sie ehrlich gemeint sind, und schau, ob du mit dem Menschen heute wirklich etwas zu tun haben möchtest.

Ob du bereit bist alte Geschichten gehen zu lassen, verzeihen kannst. Weitergehen kannst.

Vergiss nicht, dass du als Überlebende*r seit Jahren oder Jahrzehnten mit anderen Mustern konditioniert wurdest. Rückschläge werden vorkommen. Lass dich dadurch nicht entmutigen. Sei dir deiner Erfolge und deines Fortschritts insbesondere in diesen Momenten bewusst. Gerade dann ist Kommunikation und Austausch besonders wichtig, denn sie ermöglichen Verständnis füreinander.

Happy Places/Positive Glaskästen

Ich möchte dich an dieser Stelle auf eine mögliche Falle aufmerksam machen, die mir selbst erst nach langer Zeit während meines eigenen Heilungsprozesses bewusst wurde.

Als ich Anfang der neunziger Jahre nach New York ging, besuchte ich eine Schauspielschule. Eine der Szenen, die ich mit einer Kollegin erarbeitete, war aus dem Stück „Die Glasmenagerie" von Tennessee Williams. Es geht darin um Familiendynamik, Alkoholismus, zerbrochene Träume und Abschied. Ohne Happy End. Ich spielte die Rolle des Sohnes Tom Wingfield.

Ich spürte instinktiv, dass Tom flüchtet und dass sein einziger Ausweg aus der Familie ein abrupter Abschied sein musste.

Seine Schwester Laura ist gehbehindert und hat eine Glasmenagerie. Ihr Rückzugsort, ihr „Happy Place", bestehend aus kleinen Glasfiguren, die sie in einem Glaskasten aufbewahrt. Dieses Bild hat mich seitdem begleitet.

Wir alle haben unsere „Happy Places", unsere „Tankstellen des Positiven".

Das können Hobbys, ein Ort oder eine Person (auch ein Star) sein, mit denen wir etwas Positives verbinden. Oder Fußball. Sport im Allgemeinen. Oder Musik, Bücher, Autos. Wir verbinden uns mit Menschen, Gruppen, Dingen oder Individuen, die wir persönlich nicht kennen und projizieren Dinge und Stimmungen, unsere Gefühle auf sie. Das hat oft nicht viel mit der Realität zu tun, da sich in einer realen Dynamik alles gerade durch einen Austausch verändert. Unsere „Happy Places" dagegen bleiben oft unberührt von Veränderung. Wir wollen sie beständig und ungestört von Zeit und Raum belassen, in sie eintauchen und das positive Gefühl behalten, das wir von Anfang an mit ihnen verbunden haben.

Als ich zwölf Jahre alt war, hörte bei mir der Missbrauch auf. Ich hatte mich instinktiv durch eine aktive Flucht befreit. Nach der Schule ging ich nicht mehr zu ihr, „floh" zu einer anderen Verwandten. Die Täterin ließ mich in Ruhe. Ich hatte ein eindeutiges Zeichen gesetzt. Ich nehme an, sie spürte instinktiv, dass ich einen erneuten sexuellen Übergriff nicht zulassen, mich zur Wehr setzen würde.

Bis dahin hatte ich keinen sicheren Ort, der nur für mich existierte. Mein Leben war damals von Angst bestimmt. Angst vor der Schule, Angst vor weiterem sexuellen Missbrauch, Angst vor meinem Vater. Die Angst war allgegenwärtig und verursachte eine Lähmung in mir. Ich funktionierte zwar, aber es gab nichts, woran ich mich festhalten konnte. Mein Herz und Interesse blieben nirgendwo haften, denn es gab keinen Raum in mir für etwas anderes. Ich war „besetzt" vom Missbrauch und seinen Folgen, Angst und einem permanenten schlechten Gewissen.

Dann sah ich im April 1974 eine Gruppe beim Eurovision Song Contest, damals noch Grand Prix genannt. Ich sah vier unterschiedliche Menschen. Künstler voller Energie, Lebensfreude, Ambition und Potenzial: Abba.

Eine Popgruppe aus Schweden in den siebziger Jahren.

Abbas Musik wurde zu meinem „Happy Place". Zum ersten Mal hatte ich einen positiven Ankerplatz für meine Gefühle, die nicht von der Angst bestimmt wurden. Heute sind Abba in die Geschichte eingegangen als einer der erfolgreichsten und besten Acts der Popmusik. Damals war das anders. Ich erlebte die Höhen und Tiefen des Aufstiegs der Band, ich hörte mehr in ihren Liedern, die mir viel bedeuteten, denn sie handelten von Einsamkeit, Angst, Verfolgung, Krieg, Familie, Auseinandersetzung,

Therapie, Depression und Selbstmord. Themen, die ich kannte und die mein Leben lange bestimmten. Ich fühlte mich diesen vier Menschen nach einiger Zeit verbundener als meiner Familie.

Ich stellte sie in einen Glaskasten, in meine „Glasmenagerie“, und holte sie immer dann heraus, wenn ich etwas Positives brauchte, wenn ich in meinen „Happy Place“ eintauchen wollte. Die Musik beruhigte mich. Das funktioniert für mich bis heute.

Jede*r hat seinen*ihren eigenen positiven Glaskasten. Wir brauchen diese Rückzugsorte, in denen wir nichts bewerten, und – genauso wichtig – selbst nicht bewertet werden. In denen wir zuallererst sicher sind, uns erlauben, zu fühlen, zu schwärmen, zu genießen. Wo uns nichts passieren kann. Und auch nicht dem Objekt, das sich in diesem Glaskasten befindet.

Negative Glaskästen

Wen stellen wir aber sonst noch in einen Glaskasten und was passiert, wenn wir uns aus der Opferrolle lösen und Überlebende von Missbrauch werden?

Basieren diese Glaskästen dann auf negativen Dynamiken aus der Vergangenheit?

Gibt es so etwas wie einen negativen Glaskasten, den wir lange nicht bemerken? Etwas scheinbar Positives, das sich als Falle herausstellen kann? Ich meine nicht Fußball, Musik oder deinen Urlaubsort, da wirst du schnell merken, ob du weiter Interesse hast. Ich spreche von vermeintlich „guten“ Menschen, die wir in den positiven Glaskasten stellen. Hier kann eine emotionale Falle entstehen.

Wen schützen wir in diesem Fall in einer imaginären Glasmenagerie? Kann es sein, dass wir unser Bild von einer Person nicht zerstören, keine Veränderung in und an uns heranlassen wollen? Und dazu das vermeintlich positive Bild in uns bewahren müssen?

Ich spreche von Personen, meistens Familienmitglieder, den uns unmittelbar nächsten Menschen in unserem Leben. Das können auch Freund*innen sein, die wir lange kennen.

Hast du dich schon einmal gefragt, warum eine Freundschaft oder eine Beziehung, die du über Jahrzehnte mit jemanden teilst, ganz plötzlich zerbricht? Warum das positive Gefühl zu dieser Person nicht mehr da ist? Du erst im Nachhinein die Zeichen an der Wand, die dort schon länger standen, erkennst? Genau das hat etwas mit einem negativen Glaskasten zu tun.

Ich habe meine Mutter bereits in diesem Buch erwähnt. Sie starb 1991 an Krebs und ihr Tod löste in mir ein neues Trauma aus, welches dann das Trauma des sexuellen Missbrauchs aufplatzen ließ. Alle Gefühle und Erinnerungen kamen wieder in mir hoch. Ich konzentrierte mich am Anfang meiner Therapie, die ich kurz nach dem Tod meiner Mutter begann, auf meinen Vater und seine Schuld, sein Verhalten, seine Ignoranz, denn er lebte ja noch. Mit ihm wollte und konnte ich mich noch auseinandersetzen. Ein Prozess, den er nicht zuließ. Gleichzeitig und von mir unbemerkt stellte ich meine Mutter in den positiven Glaskasten. Sie hatte ja aktiv nichts Böses getan.

Da stand sie nun, sicher und unantastbar. Immer wenn ich einen imaginären Zuspruch brauchte, holte ich sie kurz heraus, spürte ihre Hand auf meiner Schulter, die mich unterstützte. Erst nach Jahren fiel mir auf, dass ich meine Mutter überhaupt nicht in Frage stellte.

Sie war in meiner Kindheit genauso be- und gefangen wie mein Vater, sie hatte auch nicht auf die Zeichen meines Missbrauchs reagiert oder mich beschützt. Sie hatte mich nicht geschlagen, aber sie ließ es zu, wenn mein Vater seine Kaltwasserprozeduren an mir vollzog und mich schlug. Sie reagierte passiv auf meine Verhaltensweisen. Sie schickte mich weiter zu meiner Tante, mit der sie befreundet war, womit sie aus meiner kindlichen Perspektive den Missbrauch duldete.

Aus heutiger Sicht sehe ich meine Mutter in einem anderen Licht.

Sie hatte selbst eine autoritäre Mutter. Sie wollte gefallen, geliebt werden und das bedeutete für sie, nicht negativ aufzufallen. Sie war keine Kämpferin, sie war gefangen in den Strukturen ihres fremdbestimmten Lebens. Sie hatte Respekt vor ihrer älteren Schwägerin, der Täterin, aber auch Angst vor ihr, da sie wusste, dass diese Frau hinterhältig war. Also blieb meine Mutter untätig, anstatt für sich und ihr Kind einzustehen, das offensichtlich traumatisiert und verstört war. Sie konnte weder sich noch mich schützen. Meine Mutter gab somit, genau wie mein Vater, die Verantwortung für mich und auch für sich selbst ab. Aus Angst, aus Unerfahrenheit, aus Ignoranz, aus möglicher Unkenntnis.

Mach deinen Eltern oder denjenigen, die dich als Kind hätten schützen können (anderen Sekundärbetroffenen), nicht ein Leben lang Vorwürfe, denn das nützt dir nichts.
Bleibe mit deiner Wut emotional nicht in einer Sackgasse stecken. Denn da stehst du meistens alleine und verkümmerst nur.

Kommuniziere deinen Missbrauch, sprich darüber und klage den*die Täter*in an.
Kommt es zu keiner Aussprache oder Klärung mit Sekundärbetroffenen oder Passivtäter*innen, bleib nicht in der emotionalen Wutfalle stecken.
Endlose Vorwürfe in der Aussprache oder Diskussion werden eine ablehnende Haltung bei dem*der Sekundärbetroffenen auslösen. Es geht nicht um Anklage, die betrifft nur den*die Täter*in. Allerdings haben die Erwachsenen rund um das Kind die Aufgabe, es zu schützen. Wenn sie diesen Schutz aktiv vermeiden, sind sie ebenfalls verantwortlich, und zwar für ihr Nichthandeln. Nicht für die Tat an sich, aber dafür, dass sie sich wiederholen konnte. Dafür, dass das Kind keine Hilfe bekam. Dafür, das Kind im Stich gelassen zu haben.
Hier geht es hauptsächlich um Austausch und Kommunikation.
Beobachte deine Erwartungen an die Person genau, was du dir von ihr wünschst und ob sie in der Lage ist, es dir zu geben.
Sei dir bewusst, dass du nicht etwas von jemandem bekommen wirst, wenn er*sie es dir nicht geben will.

Grundsätzlich solltest du passives Verhalten oder Ignoranz seitens dir wichtiger Menschen nicht akzeptieren. Aber manchmal ist es besser, sie gehen zu lassen, sich von ihnen zu lösen und keinen Kontakt mehr zu haben. Vielleicht gewinnen sie irgendwann die Einsicht, dass sie falsch gehandelt haben. Aber damit hast du nichts zu tun, denn sie können nur von und aus sich selbst heraus rational und emotional an diesen Punkt kommen. Es tut weh, wenn man aufgrund der Unfähigkeit und Hilflosigkeit von anderen allein gelassen wird.

Ich habe das mit meiner Schwester erlebt, die sich lieber in Schweigen hüllt und keinen Kontakt sucht, weil sie Angst vor der Auseinandersetzung hat und sich und ihr Verhalten nicht in Frage stellen will. Ich ließ sie gehen.

Frage dich, warum du diese Menschen in deinem Leben haben willst. Menschen, die dich nicht akzeptieren oder den schwierigen Weg nicht mit dir gehen wollen. Warum bleibst du an ihnen kleben?

Wäre es nicht besser, Unterstützung und Verständnis bei Menschen zu suchen, die sie dir geben wollen?

Ich habe in den letzten Jahren auf sozialen Zusammenkünften und anderen Gelegenheiten mit vielen Menschen über sexuellen Missbrauch und die Arbeit an diesem Leitfaden gesprochen. Dabei merke ich leider sehr oft, dass die meisten erstaunt, verschreckt, peinlich berührt und manchmal entgeistert reagieren. Angst, Unwissenheit, Scham?

Da wird dann verständnisvoll genickt, weil man politisch korrekt sein will oder muss, aber ich spüre den Widerstand, sich mit diesem Thema auch nur in einem Gespräch auseinandersetzen zu wollen. Der Griff zum Handy oder ein gezielter Themenwechsel ist oft die Folge. Manche drehen sich auch um und gehen gleich an die nächste Bar.

Natürlich kannst du jedes Mal auf die Barrikaden gehen, wenn das Thema offensiv ignoriert wird. Aber schau besser hin, wer wie reagiert. Und entscheide dann, wie wichtig diese Person für dich und die Klärung des Themas ist.

Das Kind schützen

Was passiert mit dir als ein*e Sekundärbetroffene*r, wenn du erfährst, dass es dein*e Partner*in war, der den Missbrauch beging? Der*die Täter*in ist. Wenn dein Sohn, deine Tochter, deine Mutter oder dein Vater ein Kind missbraucht haben? Menschen, denen du nahestehst, mit denen du dein Leben teilst. Ein gewaltiger Schock, den du erst einmal verarbeiten musst.

Hast du Fehler gemacht?

Warst du unaufmerksam?

Wolltest du nicht genau hinschauen?

Oder war der*die Täter*in so geschickt, dass du es wirklich nicht mitbekommen hast?

Was zählt ist, ab diesem Moment für diejenigen, die sexualisierte Gewalt erlebt haben, da zu sein,

Anklage gegen den*die Täter*in zu erheben und somit auch präventiv zu agieren.

Oder bleibst du lieber in deinen Strukturen gefangen und bewegst nichts, aus Angst vor Veränderung in deinem Leben?

Befürchtest du, diese Situation nicht bewältigen zu können?

Hast du den Mut, deine*n Partner*in anzuklagen und gerichtlich zu belangen?

Auch wenn der Missbrauch lange zurückliegt, hast du die Chance, einzugreifen und zu helfen.

Mach dir keinen Vorwurf oder bleib in deiner Schuld, deinem schlechten Gewissen stecken. Das wäre eine Weiterführung des kontraproduktiven passiven Verhaltens aus der Vergangenheit.

Steig auf die Barrikaden und verändere dein Leben, um das/dein (erwachsenes) Kind zu schützen!

Anstatt zu schweigen und zu hoffen, dass das „Opfer" den sexuellen Missbrauch vergisst und irgendwie zurechtkommt.

Kein*e Überlebende*r vergisst. Es ist ein Lebensthema!

Irgendwann platzen die Narben wieder auf. Sexueller Missbrauch verursacht seelische Verletzungen, die nicht verjähren und die nur durch Aufklärung heilen können. Ganz abgesehen davon, dass du als Sekundärbetroffene*r selbst mit deinem Wissen weiterleben musst.

Deine Aufgabe ist ganz klar: Das Kind zu schützen, auch wenn es inzwischen erwachsen ist.

Kommen wir noch einmal zurück zu meiner Mutter. Für sie und mich war es zu spät. Wir konnten nichts mehr miteinander klären, denn sie war gestorben. Ich hatte zu ihren Lebzeiten meinen Missbrauch verdrängt und lebte, als sie starb, seit einigen Jahren im Ausland. Ich fühlte mich oft von ihrer Bedürftigkeit überfordert. Sie wollte engeren Kontakt, den ich nicht geben konnte. Ein Jahr bevor sie starb, zog sie sich emotional von vielen Menschen zurück, auch von mir und meiner Schwester. Sie konnte nicht mit ihrer Krebserkrankung umgehen und gab auf.

Ich will nicht beurteilen, was sie hätte anders machen können. Ich habe immer noch eine liebevolle Erinnerung an meine Mutter aus der Zeit vor dem Missbrauch. Aber als Jugendlicher und junger Erwachsener änderte sich das Gefühl und auch der Respekt gegenüber meinen Eltern. Ich wusste, dass sie Angst hatten, sich mit Problemen auseinanderzusetzen, die die Vergangenheit betrafen.

Sie wussten aufgrund ihrer eigenen Konditionierung nicht, wie sie mit mir umgehen sollten.

Aber wir als Überlebende können lernen, diese vielschichtigen Familienstrukturen zu durchschauen und Menschen aus der Vergangenheit und unsere Wut auf sie gehen zu lassen. Besonders wenn diese Menschen nicht mehr leben. Wenn du verstehst, wer sie waren, ermöglicht dir das den nötigen Abstand. Und wem würde Wut jetzt nützen? Am wenigsten dir selbst.

Nimm die Energie, die du diesen Menschen noch gibst, und nutze sie für dich selbst. Das ist ein weitaus produktiverer und positiverer Weg, als sie in einen Glaskasten zu setzen, der nur negative Gefühle wie Wut, Enttäuschung, Trauer oder sogar Hass in dir auslöst.

Wir sollten aufpassen, wen wir in unseren Glaskasten setzen und wie lange diese Personen dort bleiben. Denn so behalten wir manchmal eine falsche oder verklärte Erinnerung an diese Personen, wodurch es zu keiner vollständigen Heilung unseres Selbst kommen kann.

Negative Glaskästen bedeuten, dass wir Mittäter*innen und passive Täter*innen schützen. Familienmitglieder, die von dem sexuellen Missbrauch wussten, aber schwiegen.

Wir lassen sie im Glaskasten sitzen, weil wir glauben, eine (innere) Kommunikation, eine Harmonie, eine Liebe zu diesen Personen zu brauchen. Dabei besteht die Gefahr, die Argumente und Haltung dieser Personen unreflektiert zu übernehmen. Darin suchen wir eine vermeintliche Unterstützung, eine Hilfe, die wir als Kind nicht bekamen.

Wenn man eine*n aktive*n Täter*in und/oder eine*n passive*n Täter*in immer noch (unbewusst) schützt, dann hat dann nichts mit Prävention oder wahrer Veränderung zu tun.

Man bleibt dadurch in einer unfreien, fremdbestimmten Rolle und weiterhin lieber in einer vermeintlich befriedeten Situation. So verbietet man sich, den sexuellen Missbrauch und dessen Folgen zu thematisieren und ist letztlich Teil der schweigenden Mehrheit.

Ein weiterer Fall von sexuellem Missbrauch, den es offiziell nie gegeben hat.

9. DU DARFST NEUE WEGE GEHEN

Von der Passivität in den Aktionismus

Abba brachte im Jahre 2022 nach vierzig Jahren ein neues Album auf den Markt. „Voyage“ („Die Reise“).

Der letzte Song des Albums heißt „Ode to Freedom“.

Eine Ode an die Freiheit, in der sich die Sängerin zum Schluss fragt: „Of the cause to which I'd lend my voice to!“

Welche Sache ist wirklich so wichtig, dass wir ihr unsere Stimme geben? In unserer ganz persönlichen Ode an die (eigene) Freiheit. Auf unserem Weg, frei zu werden und es zu bleiben.

Für dich als Überlebende*r könnte die Antwort an diesem Punkt sein, deinen sexuellen Missbrauch zu akzeptieren und ihn zu verarbeiten. Dazu gehört auch, deine eigene Stimme zu finden, dir Gehör zu verschaffen und gehört zu werden.

Du musst dieses Trauma nicht in dir behalten, wo es in der Isolation negative Auswirkungen auf dich, dein Leben und dein Umfeld haben kann. Wo es zu Depression, Einsamkeit, Sucht, Wut, Angst oder Verzweiflung führt.

Aus Angst zu schweigen ist keine Lösung. Das Schweigen wird dich nur von innen auffressen und zerstören.

Schweigen ändert nichts daran, wie die Gesellschaft mit dem Tabu umgeht.

Schweigen bedingt das Tabu.

Erkenne die Angst in dir, analysiere ihren Ursprung und überwinde sie.

Aufgeben kann und sollte keine „Lösung“ für dich sein.

„Es ist zu lange her.“ „Ich schaffe das nicht.“ „Ich kann mich nicht damit beschäftigen!“

Wenn du solche Gedanken hast, bestätigst du deine alten Muster und das, was dir über Jahre von dem*der Täter*in, von passiven Sekundärbetroffenen oder der Gesellschaft vermittelt wurde.

Es ist egal, wie lange dein Missbrauch zurückliegt oder wie alt du bist. Es gibt immer die Möglichkeit, deine Chance, dich aus alten Strukturen zu befreien. Es gibt viele Organisationen und Gruppen, an die du dich wenden kannst. Im Anhang des Buches sind Vereine und Organisationen aufgelistet, die dir Hilfe bieten.

Du kannst nicht alles alleine machen.

Du musst es auch nicht.

Du kannst dich mit anderen Überlebenden auszutauschen. Erfahren, dass du nicht alleine bist.

Jedes Mal, wenn ich andere Überlebende treffe und mich mit ihnen austausche, hat das etwas sehr Befreiendes für mich. Ich muss mich nicht erklären oder verteidigen, denn der*die andere versteht, was ich sage, da er*sie ähnliche Erfahrungen gemacht hat.

Es geht um austauschen und ausprobieren, herausfinden, was für dich persönlich am besten ist. Eine Gruppe, eine Therapie, Einzelgespräche. Hauptsache, die Vergangenheit frisst dich nicht mehr von innen auf oder macht dich unfähig, dein volles Potenzial im Privat- oder Berufsleben auszuschöpfen.

Die Erkenntnisse, die du aus der Lektüre dieses Buches gewonnen hast, können Anregungen, Bausteine und Wegweiser für Veränderung sein, für deine veränderte Sichtweise und dafür, wie du mit dir selbst umgehst. Du kannst selbstzerstörerisches Handeln erkennen und dann ablegen. Du wirst es nicht mehr brauchen.

Vom Opfer zum*zur Überlebenden. Von der Passivität in den Aktionismus.

„Die Seele ist ein weites Land", schrieb Arthur Schnitzler im Jahre 1910.

Es gibt viel zu entdecken in dir und du kannst dir die Erlaubnis und das Recht dazu geben.

Du darfst die Hintergründe deines Missbrauchs aufdecken und den*die Täter*in stellen. Die passiven Täter*innen ansprechen. Entziehe den alten Strukturen und Gedanken in dir die Oberhand über dich und dein Leben.

Lass dich nicht mehr in deinem Potenzial und in deiner Kreativität einschränken.

Du kannst, darfst und sollst Dinge ausprobieren.

Du bist nicht schuld an dem, was passierte, was dir angetan wurde. Nur der*die Täter*in ist schuld.

Du musst keine Angst vor deinen Gefühlen haben, wenn du lernst, mit ihnen umzugehen. Du kannst bewusst neue Entscheidungen treffen, die gut für dich sind. Du musst niemanden mehr schützen. Nur dich selbst.

PTBS

Wenn du von Angst besetzte Gefühle spürst, bleib ruhig!

Dein Missbrauch ist vorbei und diese (Panik-)Gefühle, die jetzt auftauchen, sind bedingt durch das „Posttraumatische Belastungssyndrom" (PTBS).

Es handelt sich dabei um emotionalen und körperlichen Stress, ausgelöst durch „Erinnerungen" an den Missbrauch und die Folgen.

Was genau ist damit gemeint?

Wenn du ein Trauma wie sexuellen Missbrauch als Kind erlebt hast, können akute traumatische Belastungsstörungen auftreten. Dauern diese mehr als sechs Monate an und zeigen sich in psychischen und psychosomatischen Symptomen, dann sprechen wir von PTBS. Du erlebst traumatische Erinnerungen immer wieder, sie werden oft schon durch Stimmen, Gerüche oder Bilder getriggert.

Zu den Reaktionen gehören Flashbacks, Albträume und emotionale Taubheit, die ich in „Katharsis" als Vereisung beschrieben habe. Folgen können selbstverletzendes Verhalten (SVV) sein, genauso wie Drogenmissbrauch, Sucht und Abhängigkeit in unterschiedlichsten Formen. Oder ein emotionaler und sozialer Rückzug. Diese Verhaltensweisen haben sich in der Vergangenheit verselbstständigt und sind eventuell zu einem gewohnten Teil deines Verhaltens und deiner Reaktionen geworden.

Ich kenne diese Symptome selbst und habe jahrelang darunter gelitten, ohne zu wissen, dass es sich um PTBS handelte.

Niemand hat mir früher wirklich erklärt, was es bedeutet.

Ich erlebte als Kind eine mentale Niederlage, eine traumatische Verletzung an Körper und Geist. Es gab keine Unterstützung und die Dissozialität meines Vaters und das Desinteresse meiner Familie bestätigten mir permanent, dass alles meine Schuld war.

Die Folgen des sexuellen Missbrauchs haben mich in meiner Kindheit und Jugend krank gemacht.

Ich habe mich dann zudem oft für meine „Unfähigkeit" bestraft, diese „Störungen" in den Griff zu bekommen, obwohl ich sie ja nicht verursacht hatte. Schon mit fünf Jahren fing ich unbewusst an, mich zu verletzen. Ich brach mir das Schlüsselbein, sechsmal den linken Arm, den rechten Arm, ein Bein. Dann das andere. Verstauchte Knöchel und Gelenke waren an der Tagesordnung.

„Pass gefälligst besser auf!", war der Kommentar meines Vaters. „Du bist aber auch ein Schussel", war die achselzuckende Reaktion meiner Mutter. Keine Aufklärung, keine Verantwortung, keine Fragen, keine Veränderung. Auf alten Fotos trage ich ständig einen Verband oder ein Pflaster. Aber wenn ich krank oder verletzt war, blieb ich zuhause.

Nicht der beste Ort, aber immer noch sicherer als bei meiner Tante. Diese Verletzungen traten immer wieder auf, bis ich zwölf Jahre alt war. Dann war Ruhe. Bis 1994.

Ich war zweiunddreißig Jahre alt und brach mir den Arm und das Handgelenk (offener Bruch), bekam Stahlplatten eingesetzt. Es dauerte fast neun Monate, bis ich wieder arbeiten konnte. Der Motorradunfall, der diese Verletzung verursacht hatte, passierte einen Monat nach dem Gespräch mit meinem Vater, in dem er mir sagte, dass der Missbrauch meine Erfindung sei, nicht stattgefunden habe und ich nicht „alle Tassen im Schrank hätte", immer ein schwer erziehbares Kind gewesen sei.

Schuldumkehr! Ich bestrafte nicht ihn, sondern mich, indem ich mir unbewusst weh tat. Ich richtete die Wut gegen mich und nicht gegen meinen Vater, der mich wieder im Stich gelassen hatte. Vor dem Unfall war ich in Mexiko und surfte in einer Brandung mit zehn Meter hohen Wellen. Ich ignorierte alle Gefahren. Ich ging unbewusst diverse Risiken ein. Es war mir egal, was mit mir passierte.

Diese Muster von Selbstverletzung und das Ignorieren von bedrohlichen Risiken wird vielen Überlebenden bekannt sein.

Auch mein Drogenmissbrauch, der erst nach dem Unfall anfing, war eindeutig eine Selbstverletzung, denn ich „missbrauchte" mich ständig, wenn ich Drogen nahm.

Ich hatte bis vor drei Jahren ab und zu noch PTBS. Inzwischen weiß ich, dass es sich um alte Gefühle und Mechanismen handelt, die nichts mit (m)einer psychischen Schwäche zu tun haben.

Ich hatte früher allein schon bei dem Gedanken, in das Haus meiner Tante zu gehen, Panikattacken. Dahin, wo der Missbrauch über acht Jahre lang stattfand. Ich tat es einmal 1994, vor meinem schweren Unfall. Die Täterin rief die Polizei und beschuldigte mich des Hausfriedensbruchs. Ich erlebte also eine doppelte gefühlte Niederlage, verursacht durch die Reaktion der Täterin und meines Vaters. Aus heutiger Sicht wundert es mich nicht, dass ich mich immer wieder (unbewusst) so schwer verletzte. Und selbst heute kann mir durchaus so etwas passieren, aber das Ergebnis ist anders. Als mich die Friseurin meiner Tante im Oktober 2022 während des Lektorats für dieses Buch kontaktierte, fiel ich zwei Stunden später die Treppe herunter. Zufall? Ich fiel „voll auf die Schnauze". Ich sortierte mich für einen Moment und stellte fest, dass mir nichts passiert war. Nichts. Ich musste lachen. Ich falle auf die Schnauze, aber ich tue mir nicht mehr weh. Ein sehr befreiender Moment.

Die jahrelange Auseinandersetzung und Durchleuchtung meines Missbrauchs brachte Veränderungen mit sich.

Zufälle?

Meine Tante, die Täterin Hannelore Reh, starb im Dezember 2018, ein gutes Jahr bevor „Katharsis" veröffentlicht wurde. Einen Tag vor ihrem Tod träumte ich, dass sie stirbt. Zufall? Zu ihrer Beerdigung erschien keiner meiner Familienangehörigen.

Neun Monate nach ihrem Tod, auf einem Flug nach Deutschland im September 2019, spürte ich, dass ich unbedingt noch einmal in das Haus und die Wohnung der Täterin wollte und musste, an den Ort, wo der Missbrauch über Jahre stattgefunden hatte. Ich wollte feststellen, ob die Bilder, die seit Jahrzehnten in mir lebten, auch stimmten.

Interessanterweise führte mich mein Navi an diesem Tag, als ich eigentlich meine Schwester besuchen wollte, über einen anderen Weg nach Bövinghausen, direkt vorbei am Grundstück der Täterin. Das Tor, sonst immer verschlossen, stand an diesem Tag auf und ich sah einen Wagen vor der Garage stehen. Ich nutzte die unerwartete Gelegenheit, hielt spontan an, stieg aus und lief auf das Grundstück. Nach einigen Minuten erschien eine Frau. Ich hatte sie zuletzt als Kind gesehen, es war die Erbin des Anwesens. Sie war überrascht und gleichzeitig erschrocken, mich in diesem Moment zu treffen. Wir unterhielten uns kurz, denn sie wusste, wer ich war, da ich ihr bereits nach dem Tod meiner Tante geschrieben hatte. Sie hatte nicht darauf reagiert.

An diesem Tag war sie zum ersten Mal seit dem Tod der Täterin neun Monate zuvor wieder auf dem Grundstück, genau an dem Tag und in diesem Moment, in dem mich mein Navi auf ungewohntem Weg in mein Heimatdorf lenkte. Zufall?

Nachdem ich sie beruhigt hatte, willigte sie ein, mir das Gebäude und den Garten zu zeigen. Ich ging durch die Wohnung meiner Tante, in der sich seit Jahrzehnten kaum etwas verändert hatte, sah das Kreuz an der Wand im Schlafzimmer, in das ich mich als Kind hineinprojiziert hatte, wenn sie mich mit Gegenständen penetrierte, sah das Bad und die Badewanne, in der sie auf mich urinierte, das Sofa, auf dem sie gelegen und mich zum Oralsex gezwungen hatte. Ich schaute mir jedes Detail des Tatorts bewusst an. Alle Bilder waren da und stimmten mit meinen Erinnerungen überein.

Alles war wie damals.

Aber eines hatte sich verändert. Ich wusste und spürte, dass ich bei mir bleiben konnte, ich war mir meiner eigenen Stärke in dieser konfrontativen Situation bewusst.

Dennoch konnte ich mir nicht erlauben, den Schmerz über meinen Missbrauch voll und ganz zu spüren.

Einerseits weil ich nicht alleine war, aber auch, weil ich den Schmerz und die Trauer über das, was mir als Kind angetan wurde, in diesem Moment nur in Begleitung einer Vertrauensperson wirklich hätte ertragen können. Wenn du als Überlebende*r nach langer Zeit den Tatort noch einmal aufsuchen möchtest, empfehle ich dir, das nicht alleine zu tun. Sondern mit einem Menschen, der dich gut kennt und der dich auffangen kann.

In diesem Moment hörte ich eine Kinderstimme. Ich drehte mich um und ein neunjähriger blonder Junge stand neben mir, der Sohn der Erbin. Er sah mich vertrauensvoll an, streckte mir die Hand entgegen und begrüßte mich. Ich sah die Erbin an, die in diesem Moment alles begriff und emotional verstand. Ich hoffte nur, dass meine Tante in ihren letzten Lebensjahren zu alt war, um sich an diesem wunderbaren Jungen zu vergehen.

Nach diesem „Besuch“ konnte ich die Täterin wirklich gehen lassen, es fühlte sich wie ein reinigender Exorzismus für mich an.

Es war kein einfacher, aber ein wichtiger Gang, denn ich konnte dadurch endlich meine Angst, meine Zweifel und auch meine posttraumatischen Störungen ablegen. Sie hatten keine Macht mehr über mich. Ich brauchte und brauche keine Beweise mehr, was den Missbrauch betrifft. Ich weiß und fühle, dass alles wahr ist, woran ich mich erinnere. Auch meine Träume änderten sich nach diesem Besuch. Ich war nicht mehr passiv oder vereiste, ich setzte mich auch in meinen Träumen zur Wehr. Bis diese Träume dann irgendwann nicht mehr kamen.

Aus all diesen Erkenntnissen haben sich im Laufe der Zeit die rationale und die emotionale Ebene in mir verbunden und ich bin dadurch frei geworden.

Auch du konntest dich als Kind nicht wehren, hattest vielleicht keine Fluchtmöglichkeiten, keine Verteidigungsmechanismen, genau wie ich. Aber das ist jetzt anders. Du kannst den Missbrauch nicht ungeschehen machen, aber du hast jetzt Werkzeuge und vor allem die Erkenntnisse, um ihn zu verarbeiten und zu überleben. Dazu könnte für dich zum Beispiel auch gehören, den Tatort als Erwachsene*r, als Überlebende*r noch einmal aufzusuchen, um die Bilder, die in dir leben, zu überprüfen und zu bestätigen. Nimm dir eine Vertrauensperson mit. Die Bilder und Gefühle, die bei einem solchen „Ortstermin“ wieder hochkommen, können eine starke Auswirkung auf dich haben und Trauer sowie andere emotionale Reaktionen bewirken. Aber auch der positive Prozess der Selbstbestätigung wird stattfinden und das ist ein wichtiger Schritt.

Deine Ängste können emotionale, aber keine „reale“ Macht mehr über dich haben, wenn du sie dir anschaust und analysierst. Sie müssen dein Handeln ab jetzt nicht mehr bestimmen.

Ist die Panik, die Angst, der Schmerz in diesen bedrohlichen Momenten der Erinnerung real?

Nein! Denn dir passiert jetzt nichts mehr. Der Missbrauch ist vorbei. Du bist sicher.

Und dennoch fühlen sich die Angst, der Schmerz und Reaktionen, die PTBS mit sich bringt, real an, denn sie sitzen tief und werden immer wieder ausgelöst. Solange bis dein „emotionales Ich“ verstanden hat, dass es sicher ist.

Wenn dich die Panik überfällt oder du aus einem Albtraum erwachst, wenn du spürst, dass posttraumatischer Stress in dir hochkommt, dann liefere dich nicht der Macht dieser Gefühle aus. Es handelt sich um PTBS.

Werde dir bewusst, dass du in diesem Moment in der Realität der Gegenwart bist. Dass du deinem alten emotionalen Verständnis aus der Vergangenheit und den damit verbundenen Gefühlen keine Macht geben musst.

Sprich es laut aus.

Schrei es heraus, wenn du willst.

Als ich vor einigen Jahren erkannte, dass es sich bei meiner Kurzatmigkeit und einem nervösen Reizhusten um posttraumatische Symptome handelte, waren sie nach kurzer Zeit verschwunden.

Neulich hörte ich von einer Art Schnellverfahrenstherapie. Drogen wie LSD oder Ecstasy (Molly) werden unter wissenschaftlicher Beobachtung eingesetzt, um PTBS zu beheben. Das kann bestimmt in einigen Fällen funktionieren, aber ich glaube dennoch, dass eine langsame, kontinuierliche Heilung tiefer geht, da das Unterbewusstsein dann sukzessiv Informationen zulässt und wir die kognitive und emotionale Ebene vereinen können, ohne dass Zeitdruck ausgeübt wird.

Selbsterkenntnis durch Drogen? Diese Therapien haben mich nicht überzeugt.

Die Angst und Panikgefühle kommen aus deinem emotionalen Verständnis, das noch in der Vergangenheit gefangen ist. Dieser Teil in dir weiß noch nicht, dass er sicher ist.

Es ist das verlassene, betrogene und missbrauchte Kind in dir.

Stell dir dieses Kind vor, visualisiere es. Und dann sag ihm, dass du dich jetzt um die Aufklärung kümmern wirst, denn du bist groß und stark, du bist erwachsen. Du hast jetzt die Kraft. Du wirst dein inneres Kind, dich selbst, verteidigen.

Ich nehme mein inneres Kind oft in den Arm. Es ist fünf Jahre alt, verängstigt, traurig und verlassen. Es kann den sexuellen Missbrauch nicht verstehen, einordnen, verarbeiten. Ich kann es schützen. Ich nehme es ernst. Ich bin jetzt derjenige, der Verantwortung für das Kind übernimmt.

Das macht mich stark und gibt mir einen sehr wichtigen Grund, aktiv in der Verarbeitung meines sexuellen Missbrauchs zu sein. Diese Arbeit an meinem inneren Kind hat mir viel geholfen. Ich bin ein sehr visueller Mensch und kann durch Bilder lernen. Vielleicht probierst du es einfach mal für dich selbst aus. Es gibt außerdem viel Literatur zum „inneren Kind".

EPILOG

DU DARFST ALLES UND MUSST NICHT ALLES (SEIN UND TUN)

Manche Menschen lesen gerne zuerst die letzte Seite eines Buches, oder das letzte Kapitel. Besonders wenn es sich um Thriller oder Krimis handelt. Dann weiß man, wer der*die Mörder*in ist. Liest vielleicht ein bisschen quer im Roman und legt das Buch zur Seite. Bringt sich dabei aber auch um die Erfahrung, wie ein Buch aufgebaut ist und wie beschriebene Prozesse funktionieren.

Schnelles Querlesen wird dir bei den Neun Geboten keine wahren Erkenntnisse bringen.

So läuft der Hase (leider) nicht. Fünf Kilo in drei Tagen abnehmen? Nichts als ein falsches Versprechen!

Du musst schon das ganze Buch lesen, wenn du wirklich etwas herausfinden, wenn du etwas lernen möchtest.

Du darfst und solltest dir die Zeit nehmen. Und in diesem Fall, der Lektüre der Neun Gebote, musst du es auch.

Es ist ein Leitfaden, bei dem die Kapitel aufeinander aufbauen, eine Entwicklung aufzeigen.

Ein Leitfaden, in dem ich von meinen eigenen Erfahrungen spreche, um dir so einen Zugang zu deinem ganz persönlichen Fall zu ermöglichen.

Ein Buch, in dem wir unsere Berührungspunkte, unsere Schnittstellen finden können.

In dir wird endlich die Widerstandskraft, die Überlebenskraft (Resilienz) immer stärker, und das ist gut so.

Denn:

1. Du befreist dich von der emotionalen Übermacht, die der*die Täter*in bewusst in deinem kindlichen Erleben initialisiert und in eine negative Bahn gelenkt hat.
2. Du wirst dich nicht als Opfer sehen, sondern als Überlebende*r. Dazu gehört auch, dass du ganz bewusst mit Sprache umgehen

solltest. Dass du weder in inneren Monologen noch Gesprächen negativ über dich sprichst, mit dir schimpfst oder negative Meinungen und Äußerungen über dich wiederholst.

3. Du wirst erkennen, dass es Wege und Lösungen gibt, mit deinen Problemen umzugehen.
4. Du wirst Menschen suchen und auch finden, die ein ähnliches Trauma überlebt haben.
5. Du wirst dich von Menschen trennen, distanzieren, die nicht (mehr) gut für dich sind, weil die Verbindung auf deinen alten Strukturen und deinem auf dem unreflektierten Missbrauch aufbauenden Verhalten basiert.
6. Du wirst und kannst um Hilfe bitten und du wirst sie auch bekommen. Und du kannst anderen helfen.
7. Du spürst deine Stärke und erkennst, dass Hilflosigkeit und Angst Gefühle sind, die wieder vergehen.
8. Du bist dir deiner selbst, deines Selbst bewusst.
   Und das wird Auswirkungen auf dein Privat- und Berufsleben haben. Auch dort musst du dich nicht mehr über deine alten Muster definieren und kannst dein Verhalten ändern. Das wiederum wird die Sichtweise deiner Umgebung auf dich ändern.

Mein Appell

Jede*r Betroffene kann für sich entscheiden, wie er*sie mit seiner*ihrer Situation umgehen möchte. Ob er*sie laut werden oder leise das Thema lösen möchte.

Dennoch kommt hier mein persönlicher Appell an euch Überlebende von sexuellem Missbrauch, egal, wie lange der Missbrauch zurück liegt:

Wo sind alle anderen Überlebenden von sexuellem Missbrauch in unserer Gesellschaft?

Warum lasst ihr es immer noch zu, dass es euch offiziell nicht gibt?

Warum verbietet ihr euch, die Stimme zu erheben?

Warum lasst ihr euch immer noch von alten Strukturen den Mund verbieten, beugt euch den ungeschriebenen Gesetzen, schützt aus Angst und unerkannten Dynamiken aktive und passive Täter*innen oder Mitglieder eurer Familie?

Sind deren Eigenverständnis und deren Befindlichkeiten wirklich wichtiger als ihr selbst?

Warum stellt ihr eure eigenen Bedürfnisse hinten an und nehmt euch somit nicht wichtig?

Warum schreit ihr nicht auf und verhindert damit auch weiteren Missbrauch?

Es ist euer Recht. Es ist eure Verpflichtung. Keiner kann es euch mehr verbieten.

Lasst uns gemeinsam unsere Stimmen erheben!

„Me Too" hat sehr erfolgreich und mit immenser Kraft weltweit gezeigt, dass es funktioniert. Brechen wir das Tabu, das sexuellen Missbrauch immer noch umgibt.

Behaltet eure „Happy Places" und positiven Glaskästen, aber schaut genau hin, wer oder was sich darin befindet und ob es euch guttut.

Jetzt, auf dem Weg der Veränderung, auf eurem dynamischen Weg der Heilung als Überlebende.

Keiner hat das Recht, dich und dein Leben zu bestimmen, außer du selbst! Ich wünsche dir Liebe, vor allem zu dir selbst, auf deinem Weg zur *m Überlebende*n.

DANKE

Ich möchte einigen Menschen danken, die mir sehr wichtig sind und die Liebe, Mut und Zivilcourage beweisen.

Ohne sie wäre ich nicht derjenige, der ich bin!

Danke für eure Liebe und Hilfe:

Paula Kramer, Horst Kramer, Anja Ishorst-Kramer, Luise Jonas, Gertrud Windau, Marianne Stielke, Inka Mocker, Thomas Lautenschlag, Christiana Hennemann, Andreas Dargel, Julia von Weiler, Carola Kessler, Andrej Baranow, Eva Wellisz, Brigitte Göpel-Reinhardt, Martin Petschack, Douglas Marron, Daniela Tolkien, Hushang Omidizadeh, meinen vier schwedischen Freunden, Stefan Kober, Kersten Sattler, Sebastian Bellwinkel, Alfried Dannenberg, Ursula Orberg, Johannes Reinhardt, Caroline Winterbauer, Marcello Concilio, Gil Ofarim, Gerda Kramer, Franz Kramer, Ernie Reinhardt, Sönke Ahlburg

Meinen Verlegern Sandra Thoms und Björn Bedey für ihr Engagement

WICHTIGE LINKS

Innocence in Danger:
Innocence in Danger e.V.: https://www.innocenceindanger.de
Angebote: https://innocenceindanger.de/angebote/
Materialien: https://innocenceindanger.de/materialien/
Interventionsschulung „Stoppt Sharegewalt": https://www.stoppt-sharegewalt.de

YouTube Kanal: https://www.youtube.com/channel/UCyMG0oy3k9oEgxkDPTf9boQ
#UNDDU? Playlist auf YouTube: https://youtube.com/playlist?list=PLrGYnLXj7dT1dOV2m0ygEQ97H1NNsWVdH

Twitter: @iiddeutschland
Instagram: @iiddeutschland
Facebook: Innocence in Danger Deutschland

Anlaufstellen:
Hilfeportal Missbrauch: https://www.hilfe-portal-missbrauch.de
Hilfetelefon Online: https://www.hilfe-telefon-missbrauch.online
Juuuport: https://www.juuuport.de/beratung
Dickstinction: Hilfe bei der Anzeige von Dickpics: https://dickstinction.com/

Andere hilfreiche Links und Organisationen:
Unabhängige Beauftragte (UBSKM): https://beauftragter-missbrauch.de/
Wissen hilft schützen: https://www.wissen-hilft-schützen.de/
Grenzwertig: https://grenz-wertig.net/
Klicksafe: https://www.klicksafe.de
Schau hin: https://www.schau-hin.info
Kompass Social Media von jugendschutz.net: https://www.kompass-social.media
Jugendschutz.net: https://www.jugendschutz.net
Info zur sicheren Nutzung von mobilen Netzen: www.handysektor.de
Spieleratgeber NRW: https://www.spieleratgeber-nrw.de
Digitale Helden: https://digitale-helden.de/
Internet Watch Foundation: https://www.iwf.org.uk/

Schutzkonzepte:
UBSKM: https://www.schule-gegen-sexuelle-gewalt.de bzw. https://www.kein-raum-fuer-missbrauch.de
Bistum Aachen: https://www.bistum-aachen.de/Praevention/Institutionelles-Schutzkonzept/

Gute Dokumentationen:
NDR 45min: Sexuelle Gewalt an Kindern, wo bleibt die Hilfe?
https://www.ndr.de/fernsehen/sendungen/45_min/video-podcast/Sexuelle-Gewalt-gegen-Kinder-wo-bleibt-die-Hilfe,minuten3522.html

NDR: Schutzlos: Sexuelle Gewalt gegen Kinder – Die Tat
https://www.ndr.de/fernsehen/sendungen/45_min/video-podcast/Sexuelle-Gewalt-gegen-Kinder-wo-bleibt-die-Hilfe,minuten3522.html

NDR: Schutzlos. Sexuelle Gewalt gegen Kinder – Der Kampf
https://www.ndr.de/fernsehen/sendungen/45_min/sexualisierte-Gewalt-gegen-Kinder-Folge-2,schutzlos106.html

NDR: Schutzlos. Sexuelle Gewalt gegen Kinder – Die Folgen
https://www.ndr.de/fernsehen/sendungen/45_min/Folge-3-Sexualisierte-Gewalt-gegen-Kinder-S01-E03,schutzlos104.html

STRG_F: Pädokriminellen Foren: Warum löscht niemand diese Bilder?
https://www.youtube.com/watch?v=iItLpwkQMUQ

STRG_F: Exklusive Datenrecherche: Wie Pädokriminelle Bilder klauen
https://www.youtube.com/watch?v=kq7FFAf94X8

Für weitere Interviews und Podcasts mit Michael Reh: Michael Reh/www.youtube.com

LITERATUR

Michael Reh, „Katharsis“ Acabus Verlag 2020

Literatur für betroffene Frauen und Männer

Autorengruppe Tauwetter (1998). Ein Selbsthilfe-Handbuch für Männer die als Junge sexuelle mißbraucht wurden. Verlag mebes & noack.

Bass, Ellen (aktualisierte und überarbeitete Auflage 2009). Trotz allem. Wege zur Selbstheilung für sexuell missbrauchte Frauen. Orlanda.

Bange, Dirk (2007). Sexueller Missbrauch an Jungen. Die Mauer des Schweigens. Hogrefe.

Jensen, Kristian Ditlev (2004) Ich werde es sagen. Geschichten einer missbrauchten Kindheit. Klett Cotta.

Mosser, Peter (2009). Aufdeckung und Hilfesuche bei sexuellem Missbrauch an Jungen. Wege aus dem Dunkelfeld. VR Verlag.

Spangenberg, Ellen (2008). Dem Leben wieder trauen. Traumaheilung nach sexueller Gewalterfahrung. Patmos Verlag.

Auf dieser Seite ist weiterhin wichtige Literatur zu den unterschiedlichen Unterthemen zu finden was sexuellen Missbrauch betrifft: https://beauftragte-missbrauch.de/service/literatur

Michael Reh
ASTA
Ein Kriminalroman aus dem Alten Land

kartoniertes Buch
432 Seiten
Preis 15,00 EUR [D]
ISBN 978-3-948972-40-0
lieferbar

Ebook epub
ISBN 978-3-948972-41-7
Ebook PDF
ISBN 978-3-948972-42-4

1957 begeht die junge Mutter Asta Hammer aus ungeklärten Gründen Selbstmord. Jahrzehnte später geschehen auf dem Grundstück von Clara Jolcke mysteriöse Morde. Alle Spuren führen zu Clara, die einst für den Mord an ihrem Ehemann und dessen Geliebten verurteilt wurde. Damals wie heute behauptet sie, unschuldig zu sein.

Hat es Kommissar Heiko Degen bei seinem ersten großen Fall mit einem Serienmörder zu tun? Wer war Asta und in welcher Verbindung steht sie zu den Morden?

Autorenwebsite: www.michaelreh-autor.de

Michael Reh

DAS GRAUSAME ERBE DES KONRAD CORBIS

Ein Kriminalroman aus dem Alten Land

Paperback
334 Seiten
Preis 15,00 EUR [D]
ISBN 978-3-948972-90-5
lieferbar

Ebook epub
ISBN 978-3-948972-92-9
Ebook PDF
ISBN 978-3-948972-93-6

Als der alte Gutshofbesitzer Konrad Corbis unerwartet stirbt, hinterlässt er seiner Frau und den drei Kindern ein Millionenvermögen. Kurz darauf stirbt auch seine Frau. Kommissar Heiko Degen wird misstrauisch und lässt die Fälle untersuchen. Danach wird auch der älteste Sohn Johannes Opfer eines Mordanschlags. Somit steht fest, dass Degen es erneut mit einem Serienmörder zu tun hat.

Degen begibt sich auf Spurensuche und die dunklen Geheimnisse von Konrad kommen ans Licht. Korruption, Betrug, Missbrauch. Es gibt viele Opfer, doch wer will die Familie Corbis auslöschen? Geht es nur um das Erbe oder ist Rache das Motiv des Täters?

Nach dem Fall des Kreidemörders eine neue Herausforderung für Heiko Degen!

Autorenwebsite: www.michaelreh-autor.de